I0420938

OWNER

NAME: _____

ADDRESS: _____

_____

_____

TEL: _____

E-MAIL: _____

SIGNATURE:

_____

**PRINTED BY CREATESPACE,
AN AMAZON.COM COMPANY**

**ISBN-13: 978-1515151036
ISBN-10: 1515151034**

M&M PUBLICATIONS

MY
PHONE
BOOK

A

NAME:_____
ADDRESS: _____
_____
TEL:_____
E-MAIL:_____

NAME:_____
ADDRESS: _____
_____
TEL:_____
E-MAIL:_____

NAME:_____
ADDRESS: _____
_____
TEL:_____
E-MAIL:_____

NAME:_____
ADDRESS: _____
_____
TEL:_____
E-MAIL:_____

NAME:_____
ADDRESS: _____
_____
TEL:_____
E-MAIL:_____

A

NAME:_____
ADDRESS: _____
_____
TEL:_____
E-MAIL:_____

NAME:_____
ADDRESS: _____
_____
TEL:_____
E-MAIL:_____

NAME:_____
ADDRESS: _____
_____
TEL:_____
E-MAIL:_____

NAME:_____
ADDRESS: _____
_____
TEL:_____
E-MAIL:_____

NAME:_____
ADDRESS: _____
_____
TEL:_____
E-MAIL:_____

A

NAME:_____
ADDRESS: _____
_____
TEL:_____
E-MAIL:_____

NAME:_____
ADDRESS: _____
_____
TEL:_____
E-MAIL:_____

NAME:_____
ADDRESS: _____
_____
TEL:_____
E-MAIL:_____

NAME:_____
ADDRESS: _____
_____
TEL:_____
E-MAIL:_____

NAME:_____
ADDRESS: _____
_____
TEL:_____
E-MAIL:_____

A

NAME:_____
ADDRESS: _____
_____
TEL:_____
E-MAIL:_____

NAME:_____
ADDRESS: _____
_____
TEL:_____
E-MAIL:_____

NAME:_____
ADDRESS: _____
_____
TEL:_____
E-MAIL:_____

NAME:_____
ADDRESS: _____
_____
TEL:_____
E-MAIL:_____

NAME:_____
ADDRESS: _____
_____
TEL:_____
E-MAIL:_____

A

NAME:_____
ADDRESS: _____
_____
TEL:_____
E-MAIL:_____

NAME:_____
ADDRESS: _____
_____
TEL:_____
E-MAIL:_____

NAME:_____
ADDRESS: _____
_____
TEL:_____
E-MAIL:_____

NAME:_____
ADDRESS: _____
_____
TEL:_____
E-MAIL:_____

NAME:_____
ADDRESS: _____
_____
TEL:_____
E-MAIL:_____

A

NAME:_____
ADDRESS: _____
_____
TEL:_____
E-MAIL:_____

NAME:_____
ADDRESS: _____
_____
TEL:_____
E-MAIL:_____

NAME:_____
ADDRESS: _____
_____
TEL:_____
E-MAIL:_____

NAME:_____
ADDRESS: _____
_____
TEL:_____
E-MAIL:_____

NAME:_____
ADDRESS: _____
_____
TEL:_____
E-MAIL:_____

A

NAME:_____
ADDRESS: _____
_____
TEL:_____
E-MAIL:_____

NAME:_____
ADDRESS: _____
_____
TEL:_____
E-MAIL:_____

NAME:_____
ADDRESS: _____
_____
TEL:_____
E-MAIL:_____

NAME:_____
ADDRESS: _____
_____
TEL:_____
E-MAIL:_____

NAME:_____
ADDRESS: _____
_____
TEL:_____
E-MAIL:_____

A

NAME:_____
ADDRESS: _____
_____
TEL:_____
E-MAIL:_____

NAME:_____
ADDRESS: _____
_____
TEL:_____
E-MAIL:_____

NAME:_____
ADDRESS: _____
_____
TEL:_____
E-MAIL:_____

NAME:_____
ADDRESS: _____
_____
TEL:_____
E-MAIL:_____

NAME:_____
ADDRESS: _____
_____
TEL:_____
E-MAIL:_____

A

NAME:_____
ADDRESS: _____
_____
TEL:_____
E-MAIL:_____

NAME:_____
ADDRESS: _____
_____
TEL:_____
E-MAIL:_____

NAME:_____
ADDRESS: _____
_____
TEL:_____
E-MAIL:_____

NAME:_____
ADDRESS: _____
_____
TEL:_____
E-MAIL:_____

NAME:_____
ADDRESS: _____
_____
TEL:_____
E-MAIL:_____

A

NAME:_____
ADDRESS: _____
_____
TEL:_____
E-MAIL:_____

NAME:_____
ADDRESS: _____
_____
TEL:_____
E-MAIL:_____

NAME:_____
ADDRESS: _____
_____
TEL:_____
E-MAIL:_____

NAME:_____
ADDRESS: _____
_____
TEL:_____
E-MAIL:_____

NAME:_____
ADDRESS: _____
_____
TEL:_____
E-MAIL:_____

A

NAME:_____
ADDRESS: _____
_____
TEL:_____
E-MAIL:_____

NAME:_____
ADDRESS: _____
_____
TEL:_____
E-MAIL:_____

NAME:_____
ADDRESS: _____
_____
TEL:_____
E-MAIL:_____

NAME:_____
ADDRESS: _____
_____
TEL:_____
E-MAIL:_____

NAME:_____
ADDRESS: _____
_____
TEL:_____
E-MAIL:_____

B

NAME:_____
ADDRESS: _____
_____
TEL:_____
E-MAIL:_____

NAME:_____
ADDRESS: _____
_____
TEL:_____
E-MAIL:_____

NAME:_____
ADDRESS: _____
_____
TEL:_____
E-MAIL:_____

NAME:_____
ADDRESS: _____
_____
TEL:_____
E-MAIL:_____

NAME:_____
ADDRESS: _____
_____
TEL:_____
E-MAIL:_____

B

NAME:_____
ADDRESS: _____
_____
TEL:_____
E-MAIL:_____

NAME:_____
ADDRESS: _____
_____
TEL:_____
E-MAIL:_____

NAME:_____
ADDRESS: _____
_____
TEL:_____
E-MAIL:_____

NAME:_____
ADDRESS: _____
_____
TEL:_____
E-MAIL:_____

NAME:_____
ADDRESS: _____
_____
TEL:_____
E-MAIL:_____

B

NAME:_____
ADDRESS: _____
_____
TEL:_____
E-MAIL:_____

NAME:_____
ADDRESS: _____
_____
TEL:_____
E-MAIL:_____

NAME:_____
ADDRESS: _____
_____
TEL:_____
E-MAIL:_____

NAME:_____
ADDRESS: _____
_____
TEL:_____
E-MAIL:_____

NAME:_____
ADDRESS: _____
_____
TEL:_____
E-MAIL:_____

B

NAME:_____
ADDRESS: _____
_____
TEL:_____
E-MAIL:_____

NAME:_____
ADDRESS: _____
_____
TEL:_____
E-MAIL:_____

NAME:_____
ADDRESS: _____
_____
TEL:_____
E-MAIL:_____

NAME:_____
ADDRESS: _____
_____
TEL:_____
E-MAIL:_____

NAME:_____
ADDRESS: _____
_____
TEL:_____
E-MAIL:_____

B

NAME:_____
ADDRESS: _____
_____
TEL:_____
E-MAIL:_____

NAME:_____
ADDRESS: _____
_____
TEL:_____
E-MAIL:_____

NAME:_____
ADDRESS: _____
_____
TEL:_____
E-MAIL:_____

NAME:_____
ADDRESS: _____
_____
TEL:_____
E-MAIL:_____

NAME:_____
ADDRESS: _____
_____
TEL:_____
E-MAIL:_____

B

NAME:_____
ADDRESS: _____
_____
TEL:_____
E-MAIL:_____

NAME:_____
ADDRESS: _____
_____
TEL:_____
E-MAIL:_____

NAME:_____
ADDRESS: _____
_____
TEL:_____
E-MAIL:_____

NAME:_____
ADDRESS: _____
_____
TEL:_____
E-MAIL:_____

NAME:_____
ADDRESS: _____
_____
TEL:_____
E-MAIL:_____

B

NAME:_____
ADDRESS: _____
_____
TEL:_____
E-MAIL:_____

NAME:_____
ADDRESS: _____
_____
TEL:_____
E-MAIL:_____

NAME:_____
ADDRESS: _____
_____
TEL:_____
E-MAIL:_____

NAME:_____
ADDRESS: _____
_____
TEL:_____
E-MAIL:_____

NAME:_____
ADDRESS: _____
_____
TEL:_____
E-MAIL:_____

B

NAME:_____
ADDRESS: _____
_____
TEL:_____
E-MAIL:_____

NAME:_____
ADDRESS: _____
_____
TEL:_____
E-MAIL:_____

NAME:_____
ADDRESS: _____
_____
TEL:_____
E-MAIL:_____

NAME:_____
ADDRESS: _____
_____
TEL:_____
E-MAIL:_____

NAME:_____
ADDRESS: _____
_____
TEL:_____
E-MAIL:_____

B

NAME:_____
ADDRESS: _____
_____
TEL:_____
E-MAIL:_____

NAME:_____
ADDRESS: _____
_____
TEL:_____
E-MAIL:_____

NAME:_____
ADDRESS: _____
_____
TEL:_____
E-MAIL:_____

NAME:_____
ADDRESS: _____
_____
TEL:_____
E-MAIL:_____

NAME:_____
ADDRESS: _____
_____
TEL:_____
E-MAIL:_____

B

NAME:_____
ADDRESS: _____
_____
TEL:_____
E-MAIL:_____

NAME:_____
ADDRESS: _____
_____
TEL:_____
E-MAIL:_____

NAME:_____
ADDRESS: _____
_____
TEL:_____
E-MAIL:_____

NAME:_____
ADDRESS: _____
_____
TEL:_____
E-MAIL:_____

NAME:_____
ADDRESS: _____
_____
TEL:_____
E-MAIL:_____

B

NAME:_____
ADDRESS: _____
_____
TEL:_____
E-MAIL:_____

NAME:_____
ADDRESS: _____
_____
TEL:_____
E-MAIL:_____

NAME:_____
ADDRESS: _____
_____
TEL:_____
E-MAIL:_____

NAME:_____
ADDRESS: _____
_____
TEL:_____
E-MAIL:_____

NAME:_____
ADDRESS: _____
_____
TEL:_____
E-MAIL:_____

C

NAME:_____
ADDRESS: _____
_____
TEL:_____
E-MAIL:_____

NAME:_____
ADDRESS: _____
_____
TEL:_____
E-MAIL:_____

NAME:_____
ADDRESS: _____
_____
TEL:_____
E-MAIL:_____

NAME:_____
ADDRESS: _____
_____
TEL:_____
E-MAIL:_____

NAME:_____
ADDRESS: _____
_____
TEL:_____
E-MAIL:_____

C

NAME:_____
ADDRESS: _____
_____
TEL:_____
E-MAIL:_____

NAME:_____
ADDRESS: _____
_____
TEL:_____
E-MAIL:_____

NAME:_____
ADDRESS: _____
_____
TEL:_____
E-MAIL:_____

NAME:_____
ADDRESS: _____
_____
TEL:_____
E-MAIL:_____

NAME:_____
ADDRESS: _____
_____
TEL:_____
E-MAIL:_____

C

NAME:_____
ADDRESS: _____
_____
TEL:_____
E-MAIL:_____

NAME:_____
ADDRESS: _____
_____
TEL:_____
E-MAIL:_____

NAME:_____
ADDRESS: _____
_____
TEL:_____
E-MAIL:_____

NAME:_____
ADDRESS: _____
_____
TEL:_____
E-MAIL:_____

NAME:_____
ADDRESS: _____
_____
TEL:_____
E-MAIL:_____

C

NAME:_____
ADDRESS: _____
_____
TEL:_____
E-MAIL:_____

NAME:_____
ADDRESS: _____
_____
TEL:_____
E-MAIL:_____

NAME:_____
ADDRESS: _____
_____
TEL:_____
E-MAIL:_____

NAME:_____
ADDRESS: _____
_____
TEL:_____
E-MAIL:_____

NAME:_____
ADDRESS: _____
_____
TEL:_____
E-MAIL:_____

C

NAME:_____
ADDRESS: _____
_____
TEL:_____
E-MAIL:_____

NAME:_____
ADDRESS: _____
_____
TEL:_____
E-MAIL:_____

NAME:_____
ADDRESS: _____
_____
TEL:_____
E-MAIL:_____

NAME:_____
ADDRESS: _____
_____
TEL:_____
E-MAIL:_____

NAME:_____
ADDRESS: _____
_____
TEL:_____
E-MAIL:_____

C

NAME:_____
ADDRESS: _____
_____
TEL:_____
E-MAIL:_____

NAME:_____
ADDRESS: _____
_____
TEL:_____
E-MAIL:_____

NAME:_____
ADDRESS: _____
_____
TEL:_____
E-MAIL:_____

NAME:_____
ADDRESS: _____
_____
TEL:_____
E-MAIL:_____

NAME:_____
ADDRESS: _____
_____
TEL:_____
E-MAIL:_____

C

NAME:_____
ADDRESS: _____
_____
TEL:_____
E-MAIL:_____

NAME:_____
ADDRESS: _____
_____
TEL:_____
E-MAIL:_____

NAME:_____
ADDRESS: _____
_____
TEL:_____
E-MAIL:_____

NAME:_____
ADDRESS: _____
_____
TEL:_____
E-MAIL:_____

NAME:_____
ADDRESS: _____
_____
TEL:_____
E-MAIL:_____

C

NAME:_____
ADDRESS: _____
_____
TEL:_____
E-MAIL:_____

NAME:_____
ADDRESS: _____
_____
TEL:_____
E-MAIL:_____

NAME:_____
ADDRESS: _____
_____
TEL:_____
E-MAIL:_____

NAME:_____
ADDRESS: _____
_____
TEL:_____
E-MAIL:_____

NAME:_____
ADDRESS: _____
_____
TEL:_____
E-MAIL:_____

C

NAME:_____
ADDRESS: _____
_____
TEL:_____
E-MAIL:_____

NAME:_____
ADDRESS: _____
_____
TEL:_____
E-MAIL:_____

NAME:_____
ADDRESS: _____
_____
TEL:_____
E-MAIL:_____

NAME:_____
ADDRESS: _____
_____
TEL:_____
E-MAIL:_____

NAME:_____
ADDRESS: _____
_____
TEL:_____
E-MAIL:_____

C

NAME:_____
ADDRESS: _____
_____
TEL:_____
E-MAIL:_____

NAME:_____
ADDRESS: _____
_____
TEL:_____
E-MAIL:_____

NAME:_____
ADDRESS: _____
_____
TEL:_____
E-MAIL:_____

NAME:_____
ADDRESS: _____
_____
TEL:_____
E-MAIL:_____

NAME:_____
ADDRESS: _____
_____
TEL:_____
E-MAIL:_____

C

NAME:_____
ADDRESS: _____
_____
TEL:_____
E-MAIL:_____

NAME:_____
ADDRESS: _____
_____
TEL:_____
E-MAIL:_____

NAME:_____
ADDRESS: _____
_____
TEL:_____
E-MAIL:_____

NAME:_____
ADDRESS: _____
_____
TEL:_____
E-MAIL:_____

NAME:_____
ADDRESS: _____
_____
TEL:_____
E-MAIL:_____

D

NAME:_____
ADDRESS: _____
_____
TEL:_____
E-MAIL:_____

NAME:_____
ADDRESS: _____
_____
TEL:_____
E-MAIL:_____

NAME:_____
ADDRESS: _____
_____
TEL:_____
E-MAIL:_____

NAME:_____
ADDRESS: _____
_____
TEL:_____
E-MAIL:_____

NAME:_____
ADDRESS: _____
_____
TEL:_____
E-MAIL:_____

D

NAME:_____
ADDRESS: _____
_____
TEL:_____
E-MAIL:_____

NAME:_____
ADDRESS: _____
_____
TEL:_____
E-MAIL:_____

NAME:_____
ADDRESS: _____
_____
TEL:_____
E-MAIL:_____

NAME:_____
ADDRESS: _____
_____
TEL:_____
E-MAIL:_____

NAME:_____
ADDRESS: _____
_____
TEL:_____
E-MAIL:_____

D

NAME:_____
ADDRESS: _____
_____
TEL:_____
E-MAIL:_____

NAME:_____
ADDRESS: _____
_____
TEL:_____
E-MAIL:_____

NAME:_____
ADDRESS: _____
_____
TEL:_____
E-MAIL:_____

NAME:_____
ADDRESS: _____
_____
TEL:_____
E-MAIL:_____

NAME:_____
ADDRESS: _____
_____
TEL:_____
E-MAIL:_____

D

NAME:_____
ADDRESS: _____
_____
TEL:_____
E-MAIL:_____

NAME:_____
ADDRESS: _____
_____
TEL:_____
E-MAIL:_____

NAME:_____
ADDRESS: _____
_____
TEL:_____
E-MAIL:_____

NAME:_____
ADDRESS: _____
_____
TEL:_____
E-MAIL:_____

NAME:_____
ADDRESS: _____
_____
TEL:_____
E-MAIL:_____

D

NAME:_____
ADDRESS: _____
_____
TEL:_____
E-MAIL:_____

NAME:_____
ADDRESS: _____
_____
TEL:_____
E-MAIL:_____

NAME:_____
ADDRESS: _____
_____
TEL:_____
E-MAIL:_____

NAME:_____
ADDRESS: _____
_____
TEL:_____
E-MAIL:_____

NAME:_____
ADDRESS: _____
_____
TEL:_____
E-MAIL:_____

D

NAME:_____
ADDRESS: _____
_____
TEL:_____
E-MAIL:_____

NAME:_____
ADDRESS: _____
_____
TEL:_____
E-MAIL:_____

NAME:_____
ADDRESS: _____
_____
TEL:_____
E-MAIL:_____

NAME:_____
ADDRESS: _____
_____
TEL:_____
E-MAIL:_____

NAME:_____
ADDRESS: _____
_____
TEL:_____
E-MAIL:_____

D

NAME:_____
ADDRESS: _____
_____
TEL:_____
E-MAIL:_____

NAME:_____
ADDRESS: _____
_____
TEL:_____
E-MAIL:_____

NAME:_____
ADDRESS: _____
_____
TEL:_____
E-MAIL:_____

NAME:_____
ADDRESS: _____
_____
TEL:_____
E-MAIL:_____

NAME:_____
ADDRESS: _____
_____
TEL:_____
E-MAIL:_____

D

NAME:_____
ADDRESS: _____
_____
TEL:_____
E-MAIL:_____

NAME:_____
ADDRESS: _____
_____
TEL:_____
E-MAIL:_____

NAME:_____
ADDRESS: _____
_____
TEL:_____
E-MAIL:_____

NAME:_____
ADDRESS: _____
_____
TEL:_____
E-MAIL:_____

NAME:_____
ADDRESS: _____
_____
TEL:_____
E-MAIL:_____

D

NAME:_____
ADDRESS: _____
_____
TEL:_____
E-MAIL:_____

NAME:_____
ADDRESS: _____
_____
TEL:_____
E-MAIL:_____

NAME:_____
ADDRESS: _____
_____
TEL:_____
E-MAIL:_____

NAME:_____
ADDRESS: _____
_____
TEL:_____
E-MAIL:_____

NAME:_____
ADDRESS: _____
_____
TEL:_____
E-MAIL:_____

D

NAME:_____
ADDRESS: _____
_____
TEL:_____
E-MAIL:_____

NAME:_____
ADDRESS: _____
_____
TEL:_____
E-MAIL:_____

NAME:_____
ADDRESS: _____
_____
TEL:_____
E-MAIL:_____

NAME:_____
ADDRESS: _____
_____
TEL:_____
E-MAIL:_____

NAME:_____
ADDRESS: _____
_____
TEL:_____
E-MAIL:_____

D

NAME:_____
ADDRESS: _____
_____
TEL:_____
E-MAIL:_____

NAME:_____
ADDRESS: _____
_____
TEL:_____
E-MAIL:_____

NAME:_____
ADDRESS: _____
_____
TEL:_____
E-MAIL:_____

NAME:_____
ADDRESS: _____
_____
TEL:_____
E-MAIL:_____

NAME:_____
ADDRESS: _____
_____
TEL:_____
E-MAIL:_____

E

NAME:_____
ADDRESS: _____
_____
TEL:_____
E-MAIL:_____

NAME:_____
ADDRESS: _____
_____
TEL:_____
E-MAIL:_____

NAME:_____
ADDRESS: _____
_____
TEL:_____
E-MAIL:_____

NAME:_____
ADDRESS: _____
_____
TEL:_____
E-MAIL:_____

NAME:_____
ADDRESS: _____
_____
TEL:_____
E-MAIL:_____

E

NAME:_____
ADDRESS: _____
_____
TEL:_____
E-MAIL:_____

NAME:_____
ADDRESS: _____
_____
TEL:_____
E-MAIL:_____

NAME:_____
ADDRESS: _____
_____
TEL:_____
E-MAIL:_____

NAME:_____
ADDRESS: _____
_____
TEL:_____
E-MAIL:_____

NAME:_____
ADDRESS: _____
_____
TEL:_____
E-MAIL:_____

E

NAME:_____
ADDRESS: _____
_____
TEL:_____
E-MAIL:_____

NAME:_____
ADDRESS: _____
_____
TEL:_____
E-MAIL:_____

NAME:_____
ADDRESS: _____
_____
TEL:_____
E-MAIL:_____

NAME:_____
ADDRESS: _____
_____
TEL:_____
E-MAIL:_____

NAME:_____
ADDRESS: _____
_____
TEL:_____
E-MAIL:_____

E

NAME:_____
ADDRESS: _____
_____
TEL:_____
E-MAIL:_____

NAME:_____
ADDRESS: _____
_____
TEL:_____
E-MAIL:_____

NAME:_____
ADDRESS: _____
_____
TEL:_____
E-MAIL:_____

NAME:_____
ADDRESS: _____
_____
TEL:_____
E-MAIL:_____

NAME:_____
ADDRESS: _____
_____
TEL:_____
E-MAIL:_____

E

NAME:_____
ADDRESS: _____
_____
TEL:_____
E-MAIL:_____

NAME:_____
ADDRESS: _____
_____
TEL:_____
E-MAIL:_____

NAME:_____
ADDRESS: _____
_____
TEL:_____
E-MAIL:_____

NAME:_____
ADDRESS: _____
_____
TEL:_____
E-MAIL:_____

NAME:_____
ADDRESS: _____
_____
TEL:_____
E-MAIL:_____

E

NAME:_____
ADDRESS: _____
_____
TEL:_____
E-MAIL:_____

NAME:_____
ADDRESS: _____
_____
TEL:_____
E-MAIL:_____

NAME:_____
ADDRESS: _____
_____
TEL:_____
E-MAIL:_____

NAME:_____
ADDRESS: _____
_____
TEL:_____
E-MAIL:_____

NAME:_____
ADDRESS: _____
_____
TEL:_____
E-MAIL:_____

E

NAME:_____
ADDRESS: _____
_____
TEL:_____
E-MAIL:_____

NAME:_____
ADDRESS: _____
_____
TEL:_____
E-MAIL:_____

NAME:_____
ADDRESS: _____
_____
TEL:_____
E-MAIL:_____

NAME:_____
ADDRESS: _____
_____
TEL:_____
E-MAIL:_____

NAME:_____
ADDRESS: _____
_____
TEL:_____
E-MAIL:_____

E

NAME:_____
ADDRESS: _____
_____
TEL:_____
E-MAIL:_____

NAME:_____
ADDRESS: _____
_____
TEL:_____
E-MAIL:_____

NAME:_____
ADDRESS: _____
_____
TEL:_____
E-MAIL:_____

NAME:_____
ADDRESS: _____
_____
TEL:_____
E-MAIL:_____

NAME:_____
ADDRESS: _____
_____
TEL:_____
E-MAIL:_____

E

NAME:_____
ADDRESS: _____
_____
TEL:_____
E-MAIL:_____

NAME:_____
ADDRESS: _____
_____
TEL:_____
E-MAIL:_____

NAME:_____
ADDRESS: _____
_____
TEL:_____
E-MAIL:_____

NAME:_____
ADDRESS: _____
_____
TEL:_____
E-MAIL:_____

NAME:_____
ADDRESS: _____
_____
TEL:_____
E-MAIL:_____

E

NAME:_____
ADDRESS: _____
_____
TEL:_____
E-MAIL:_____

NAME:_____
ADDRESS: _____
_____
TEL:_____
E-MAIL:_____

NAME:_____
ADDRESS: _____
_____
TEL:_____
E-MAIL:_____

NAME:_____
ADDRESS: _____
_____
TEL:_____
E-MAIL:_____

NAME:_____
ADDRESS: _____
_____
TEL:_____
E-MAIL:_____

E

NAME:_____
ADDRESS: _____
_____
TEL:_____
E-MAIL:_____

NAME:_____
ADDRESS: _____
_____
TEL:_____
E-MAIL:_____

NAME:_____
ADDRESS: _____
_____
TEL:_____
E-MAIL:_____

NAME:_____
ADDRESS: _____
_____
TEL:_____
E-MAIL:_____

NAME:_____
ADDRESS: _____
_____
TEL:_____
E-MAIL:_____

F

NAME:_____
ADDRESS: _____
_____
TEL:_____
E-MAIL:_____

NAME:_____
ADDRESS: _____
_____
TEL:_____
E-MAIL:_____

NAME:_____
ADDRESS: _____
_____
TEL:_____
E-MAIL:_____

NAME:_____
ADDRESS: _____
_____
TEL:_____
E-MAIL:_____

NAME:_____
ADDRESS: _____
_____
TEL:_____
E-MAIL:_____

F

NAME:_____
ADDRESS: _____
_____
TEL:_____
E-MAIL:_____

NAME:_____
ADDRESS: _____
_____
TEL:_____
E-MAIL:_____

NAME:_____
ADDRESS: _____
_____
TEL:_____
E-MAIL:_____

NAME:_____
ADDRESS: _____
_____
TEL:_____
E-MAIL:_____

NAME:_____
ADDRESS: _____
_____
TEL:_____
E-MAIL:_____

F

NAME:_____
ADDRESS: _____
_____
TEL:_____
E-MAIL:_____

NAME:_____
ADDRESS: _____
_____
TEL:_____
E-MAIL:_____

NAME:_____
ADDRESS: _____
_____
TEL:_____
E-MAIL:_____

NAME:_____
ADDRESS: _____
_____
TEL:_____
E-MAIL:_____

NAME:_____
ADDRESS: _____
_____
TEL:_____
E-MAIL:_____

F

NAME:_____
ADDRESS: _____
_____
TEL:_____
E-MAIL:_____

NAME:_____
ADDRESS: _____
_____
TEL:_____
E-MAIL:_____

NAME:_____
ADDRESS: _____
_____
TEL:_____
E-MAIL:_____

NAME:_____
ADDRESS: _____
_____
TEL:_____
E-MAIL:_____

NAME:_____
ADDRESS: _____
_____
TEL:_____
E-MAIL:_____

F

NAME:_____
ADDRESS: _____
_____
TEL:_____
E-MAIL:_____

NAME:_____
ADDRESS: _____
_____
TEL:_____
E-MAIL:_____

NAME:_____
ADDRESS: _____
_____
TEL:_____
E-MAIL:_____

NAME:_____
ADDRESS: _____
_____
TEL:_____
E-MAIL:_____

NAME:_____
ADDRESS: _____
_____
TEL:_____
E-MAIL:_____

F

NAME:_____
ADDRESS: _____
_____
TEL:_____
E-MAIL:_____

NAME:_____
ADDRESS: _____
_____
TEL:_____
E-MAIL:_____

NAME:_____
ADDRESS: _____
_____
TEL:_____
E-MAIL:_____

NAME:_____
ADDRESS: _____
_____
TEL:_____
E-MAIL:_____

NAME:_____
ADDRESS: _____
_____
TEL:_____
E-MAIL:_____

F

NAME:_____
ADDRESS: _____
_____
TEL:_____
E-MAIL:_____

NAME:_____
ADDRESS: _____
_____
TEL:_____
E-MAIL:_____

NAME:_____
ADDRESS: _____
_____
TEL:_____
E-MAIL:_____

NAME:_____
ADDRESS: _____
_____
TEL:_____
E-MAIL:_____

NAME:_____
ADDRESS: _____
_____
TEL:_____
E-MAIL:_____

F

NAME:_____
ADDRESS: _____
_____
TEL:_____
E-MAIL:_____

NAME:_____
ADDRESS: _____
_____
TEL:_____
E-MAIL:_____

NAME:_____
ADDRESS: _____
_____
TEL:_____
E-MAIL:_____

NAME:_____
ADDRESS: _____
_____
TEL:_____
E-MAIL:_____

NAME:_____
ADDRESS: _____
_____
TEL:_____
E-MAIL:_____

F

NAME:_____
ADDRESS: _____
_____
TEL:_____
E-MAIL:_____

NAME:_____
ADDRESS: _____
_____
TEL:_____
E-MAIL:_____

NAME:_____
ADDRESS: _____
_____
TEL:_____
E-MAIL:_____

NAME:_____
ADDRESS: _____
_____
TEL:_____
E-MAIL:_____

NAME:_____
ADDRESS: _____
_____
TEL:_____
E-MAIL:_____

F

NAME:_____
ADDRESS: _____
_____
TEL:_____
E-MAIL:_____

NAME:_____
ADDRESS: _____
_____
TEL:_____
E-MAIL:_____

NAME:_____
ADDRESS: _____
_____
TEL:_____
E-MAIL:_____

NAME:_____
ADDRESS: _____
_____
TEL:_____
E-MAIL:_____

NAME:_____
ADDRESS: _____
_____
TEL:_____
E-MAIL:_____

F

NAME:_____
ADDRESS: _____
_____
TEL:_____
E-MAIL:_____

NAME:_____
ADDRESS: _____
_____
TEL:_____
E-MAIL:_____

NAME:_____
ADDRESS: _____
_____
TEL:_____
E-MAIL:_____

NAME:_____
ADDRESS: _____
_____
TEL:_____
E-MAIL:_____

NAME:_____
ADDRESS: _____
_____
TEL:_____
E-MAIL:_____

G

NAME:_____
ADDRESS: _____
_____
TEL:_____
E-MAIL:_____

NAME:_____
ADDRESS: _____
_____
TEL:_____
E-MAIL:_____

NAME:_____
ADDRESS: _____
_____
TEL:_____
E-MAIL:_____

NAME:_____
ADDRESS: _____
_____
TEL:_____
E-MAIL:_____

NAME:_____
ADDRESS: _____
_____
TEL:_____
E-MAIL:_____

G

NAME:_____
ADDRESS: _____
_____
TEL:_____
E-MAIL:_____

NAME:_____
ADDRESS: _____
_____
TEL:_____
E-MAIL:_____

NAME:_____
ADDRESS: _____
_____
TEL:_____
E-MAIL:_____

NAME:_____
ADDRESS: _____
_____
TEL:_____
E-MAIL:_____

NAME:_____
ADDRESS: _____
_____
TEL:_____
E-MAIL:_____

G

NAME:_____
ADDRESS: _____
_____
TEL:_____
E-MAIL:_____

NAME:_____
ADDRESS: _____
_____
TEL:_____
E-MAIL:_____

NAME:_____
ADDRESS: _____
_____
TEL:_____
E-MAIL:_____

NAME:_____
ADDRESS: _____
_____
TEL:_____
E-MAIL:_____

NAME:_____
ADDRESS: _____
_____
TEL:_____
E-MAIL:_____

G

NAME:_____
ADDRESS: _____
_____
TEL:_____
E-MAIL:_____

NAME:_____
ADDRESS: _____
_____
TEL:_____
E-MAIL:_____

NAME:_____
ADDRESS: _____
_____
TEL:_____
E-MAIL:_____

NAME:_____
ADDRESS: _____
_____
TEL:_____
E-MAIL:_____

NAME:_____
ADDRESS: _____
_____
TEL:_____
E-MAIL:_____

G

NAME:_____
ADDRESS: _____
_____
TEL:_____
E-MAIL:_____

NAME:_____
ADDRESS: _____
_____
TEL:_____
E-MAIL:_____

NAME:_____
ADDRESS: _____
_____
TEL:_____
E-MAIL:_____

NAME:_____
ADDRESS: _____
_____
TEL:_____
E-MAIL:_____

NAME:_____
ADDRESS: _____
_____
TEL:_____
E-MAIL:_____

G

NAME:_____
ADDRESS: _____
_____
TEL:_____
E-MAIL:_____

NAME:_____
ADDRESS: _____
_____
TEL:_____
E-MAIL:_____

NAME:_____
ADDRESS: _____
_____
TEL:_____
E-MAIL:_____

NAME:_____
ADDRESS: _____
_____
TEL:_____
E-MAIL:_____

NAME:_____
ADDRESS: _____
_____
TEL:_____
E-MAIL:_____

G

NAME:_____
ADDRESS: _____
_____
TEL:_____
E-MAIL:_____

NAME:_____
ADDRESS: _____
_____
TEL:_____
E-MAIL:_____

NAME:_____
ADDRESS: _____
_____
TEL:_____
E-MAIL:_____

NAME:_____
ADDRESS: _____
_____
TEL:_____
E-MAIL:_____

NAME:_____
ADDRESS: _____
_____
TEL:_____
E-MAIL:_____

G

NAME:_____
ADDRESS: _____
_____
TEL:_____
E-MAIL:_____

NAME:_____
ADDRESS: _____
_____
TEL:_____
E-MAIL:_____

NAME:_____
ADDRESS: _____
_____
TEL:_____
E-MAIL:_____

NAME:_____
ADDRESS: _____
_____
TEL:_____
E-MAIL:_____

NAME:_____
ADDRESS: _____
_____
TEL:_____
E-MAIL:_____

G

NAME:_____
ADDRESS: _____
_____
TEL:_____
E-MAIL:_____

NAME:_____
ADDRESS: _____
_____
TEL:_____
E-MAIL:_____

NAME:_____
ADDRESS: _____
_____
TEL:_____
E-MAIL:_____

NAME:_____
ADDRESS: _____
_____
TEL:_____
E-MAIL:_____

NAME:_____
ADDRESS: _____
_____
TEL:_____
E-MAIL:_____

G

NAME:_____
ADDRESS: _____
_____
TEL:_____
E-MAIL:_____

NAME:_____
ADDRESS: _____
_____
TEL:_____
E-MAIL:_____

NAME:_____
ADDRESS: _____
_____
TEL:_____
E-MAIL:_____

NAME:_____
ADDRESS: _____
_____
TEL:_____
E-MAIL:_____

NAME:_____
ADDRESS: _____
_____
TEL:_____
E-MAIL:_____

G

NAME:_____
ADDRESS: _____
_____
TEL:_____
E-MAIL:_____

NAME:_____
ADDRESS: _____
_____
TEL:_____
E-MAIL:_____

NAME:_____
ADDRESS: _____
_____
TEL:_____
E-MAIL:_____

NAME:_____
ADDRESS: _____
_____
TEL:_____
E-MAIL:_____

NAME:_____
ADDRESS: _____
_____
TEL:_____
E-MAIL:_____

H

NAME:_____
ADDRESS: _____
_____
TEL:_____
E-MAIL:_____

NAME:_____
ADDRESS: _____
_____
TEL:_____
E-MAIL:_____

NAME:_____
ADDRESS: _____
_____
TEL:_____
E-MAIL:_____

NAME:_____
ADDRESS: _____
_____
TEL:_____
E-MAIL:_____

NAME:_____
ADDRESS: _____
_____
TEL:_____
E-MAIL:_____

H

NAME:_____
ADDRESS: _____
_____
TEL:_____
E-MAIL:_____

NAME:_____
ADDRESS: _____
_____
TEL:_____
E-MAIL:_____

NAME:_____
ADDRESS: _____
_____
TEL:_____
E-MAIL:_____

NAME:_____
ADDRESS: _____
_____
TEL:_____
E-MAIL:_____

NAME:_____
ADDRESS: _____
_____
TEL:_____
E-MAIL:_____

H

NAME:_____
ADDRESS: _____
_____
TEL:_____
E-MAIL:_____

NAME:_____
ADDRESS: _____
_____
TEL:_____
E-MAIL:_____

NAME:_____
ADDRESS: _____
_____
TEL:_____
E-MAIL:_____

NAME:_____
ADDRESS: _____
_____
TEL:_____
E-MAIL:_____

NAME:_____
ADDRESS: _____
_____
TEL:_____
E-MAIL:_____

H

NAME:_____
ADDRESS: _____
_____
TEL:_____
E-MAIL:_____

NAME:_____
ADDRESS: _____
_____
TEL:_____
E-MAIL:_____

NAME:_____
ADDRESS: _____
_____
TEL:_____
E-MAIL:_____

NAME:_____
ADDRESS: _____
_____
TEL:_____
E-MAIL:_____

NAME:_____
ADDRESS: _____
_____
TEL:_____
E-MAIL:_____

H

NAME:_____
ADDRESS: _____
_____
TEL:_____
E-MAIL:_____

NAME:_____
ADDRESS: _____
_____
TEL:_____
E-MAIL:_____

NAME:_____
ADDRESS: _____
_____
TEL:_____
E-MAIL:_____

NAME:_____
ADDRESS: _____
_____
TEL:_____
E-MAIL:_____

NAME:_____
ADDRESS: _____
_____
TEL:_____
E-MAIL:_____

H

NAME:_____
ADDRESS: _____
_____
TEL:_____
E-MAIL:_____

NAME:_____
ADDRESS: _____
_____
TEL:_____
E-MAIL:_____

NAME:_____
ADDRESS: _____
_____
TEL:_____
E-MAIL:_____

NAME:_____
ADDRESS: _____
_____
TEL:_____
E-MAIL:_____

NAME:_____
ADDRESS: _____
_____
TEL:_____
E-MAIL:_____

H

NAME:_____
ADDRESS: _____
_____
TEL:_____
E-MAIL:_____

NAME:_____
ADDRESS: _____
_____
TEL:_____
E-MAIL:_____

NAME:_____
ADDRESS: _____
_____
TEL:_____
E-MAIL:_____

NAME:_____
ADDRESS: _____
_____
TEL:_____
E-MAIL:_____

NAME:_____
ADDRESS: _____
_____
TEL:_____
E-MAIL:_____

H

NAME:_____
ADDRESS: _____
_____
TEL:_____
E-MAIL:_____

NAME:_____
ADDRESS: _____
_____
TEL:_____
E-MAIL:_____

NAME:_____
ADDRESS: _____
_____
TEL:_____
E-MAIL:_____

NAME:_____
ADDRESS: _____
_____
TEL:_____
E-MAIL:_____

NAME:_____
ADDRESS: _____
_____
TEL:_____
E-MAIL:_____

H

NAME:_____
ADDRESS: _____
_____
TEL:_____
E-MAIL:_____

NAME:_____
ADDRESS: _____
_____
TEL:_____
E-MAIL:_____

NAME:_____
ADDRESS: _____
_____
TEL:_____
E-MAIL:_____

NAME:_____
ADDRESS: _____
_____
TEL:_____
E-MAIL:_____

NAME:_____
ADDRESS: _____
_____
TEL:_____
E-MAIL:_____

H

NAME:_____
ADDRESS: _____
_____
TEL:_____
E-MAIL:_____

NAME:_____
ADDRESS: _____
_____
TEL:_____
E-MAIL:_____

NAME:_____
ADDRESS: _____
_____
TEL:_____
E-MAIL:_____

NAME:_____
ADDRESS: _____
_____
TEL:_____
E-MAIL:_____

NAME:_____
ADDRESS: _____
_____
TEL:_____
E-MAIL:_____

H

NAME:_____
ADDRESS: _____
_____
TEL:_____
E-MAIL:_____

NAME:_____
ADDRESS: _____
_____
TEL:_____
E-MAIL:_____

NAME:_____
ADDRESS: _____
_____
TEL:_____
E-MAIL:_____

NAME:_____
ADDRESS: _____
_____
TEL:_____
E-MAIL:_____

NAME:_____
ADDRESS: _____
_____
TEL:_____
E-MAIL:_____

I

NAME:_____
ADDRESS: _____
_____
TEL:_____
E-MAIL:_____

NAME:_____
ADDRESS: _____
_____
TEL:_____
E-MAIL:_____

NAME:_____
ADDRESS: _____
_____
TEL:_____
E-MAIL:_____

NAME:_____
ADDRESS: _____
_____
TEL:_____
E-MAIL:_____

NAME:_____
ADDRESS: _____
_____
TEL:_____
E-MAIL:_____

I

NAME:_____
ADDRESS: _____
_____
TEL:_____
E-MAIL:_____

NAME:_____
ADDRESS: _____
_____
TEL:_____
E-MAIL:_____

NAME:_____
ADDRESS: _____
_____
TEL:_____
E-MAIL:_____

NAME:_____
ADDRESS: _____
_____
TEL:_____
E-MAIL:_____

NAME:_____
ADDRESS: _____
_____
TEL:_____
E-MAIL:_____

I

NAME:_____
ADDRESS: _____
_____
TEL:_____
E-MAIL:_____

NAME:_____
ADDRESS: _____
_____
TEL:_____
E-MAIL:_____

NAME:_____
ADDRESS: _____
_____
TEL:_____
E-MAIL:_____

NAME:_____
ADDRESS: _____
_____
TEL:_____
E-MAIL:_____

NAME:_____
ADDRESS: _____
_____
TEL:_____
E-MAIL:_____

I

NAME:_____
ADDRESS: _____
_____
TEL:_____
E-MAIL:_____

NAME:_____
ADDRESS: _____
_____
TEL:_____
E-MAIL:_____

NAME:_____
ADDRESS: _____
_____
TEL:_____
E-MAIL:_____

NAME:_____
ADDRESS: _____
_____
TEL:_____
E-MAIL:_____

NAME:_____
ADDRESS: _____
_____
TEL:_____
E-MAIL:_____

I

NAME:_____
ADDRESS: _____
_____
TEL:_____
E-MAIL:_____

NAME:_____
ADDRESS: _____
_____
TEL:_____
E-MAIL:_____

NAME:_____
ADDRESS: _____
_____
TEL:_____
E-MAIL:_____

NAME:_____
ADDRESS: _____
_____
TEL:_____
E-MAIL:_____

NAME:_____
ADDRESS: _____
_____
TEL:_____
E-MAIL:_____

I

NAME:_____
ADDRESS: _____
_____
TEL:_____
E-MAIL:_____

NAME:_____
ADDRESS: _____
_____
TEL:_____
E-MAIL:_____

NAME:_____
ADDRESS: _____
_____
TEL:_____
E-MAIL:_____

NAME:_____
ADDRESS: _____
_____
TEL:_____
E-MAIL:_____

NAME:_____
ADDRESS: _____
_____
TEL:_____
E-MAIL:_____

J

NAME:_____
ADDRESS: _____
_____
TEL:_____
E-MAIL:_____

NAME:_____
ADDRESS: _____
_____
TEL:_____
E-MAIL:_____

NAME:_____
ADDRESS: _____
_____
TEL:_____
E-MAIL:_____

NAME:_____
ADDRESS: _____
_____
TEL:_____
E-MAIL:_____

NAME:_____
ADDRESS: _____
_____
TEL:_____
E-MAIL:_____

J

NAME:_____
ADDRESS: _____
_____
TEL:_____
E-MAIL:_____

NAME:_____
ADDRESS: _____
_____
TEL:_____
E-MAIL:_____

NAME:_____
ADDRESS: _____
_____
TEL:_____
E-MAIL:_____

NAME:_____
ADDRESS: _____
_____
TEL:_____
E-MAIL:_____

NAME:_____
ADDRESS: _____
_____
TEL:_____
E-MAIL:_____

J

NAME:_____
ADDRESS: _____
_____
TEL:_____
E-MAIL:_____

NAME:_____
ADDRESS: _____
_____
TEL:_____
E-MAIL:_____

NAME:_____
ADDRESS: _____
_____
TEL:_____
E-MAIL:_____

NAME:_____
ADDRESS: _____
_____
TEL:_____
E-MAIL:_____

NAME:_____
ADDRESS: _____
_____
TEL:_____
E-MAIL:_____

J

NAME:_____
ADDRESS: _____
_____
TEL:_____
E-MAIL:_____

NAME:_____
ADDRESS: _____
_____
TEL:_____
E-MAIL:_____

NAME:_____
ADDRESS: _____
_____
TEL:_____
E-MAIL:_____

NAME:_____
ADDRESS: _____
_____
TEL:_____
E-MAIL:_____

NAME:_____
ADDRESS: _____
_____
TEL:_____
E-MAIL:_____

J

NAME:_____
ADDRESS: _____
_____
TEL:_____
E-MAIL:_____

NAME:_____
ADDRESS: _____
_____
TEL:_____
E-MAIL:_____

NAME:_____
ADDRESS: _____
_____
TEL:_____
E-MAIL:_____

NAME:_____
ADDRESS: _____
_____
TEL:_____
E-MAIL:_____

NAME:_____
ADDRESS: _____
_____
TEL:_____
E-MAIL:_____

J

NAME:_____
ADDRESS: _____
_____
TEL:_____
E-MAIL:_____

NAME:_____
ADDRESS: _____
_____
TEL:_____
E-MAIL:_____

NAME:_____
ADDRESS: _____
_____
TEL:_____
E-MAIL:_____

NAME:_____
ADDRESS: _____
_____
TEL:_____
E-MAIL:_____

NAME:_____
ADDRESS: _____
_____
TEL:_____
E-MAIL:_____

J

NAME:_____
ADDRESS: _____
_____
TEL:_____
E-MAIL:_____

NAME:_____
ADDRESS: _____
_____
TEL:_____
E-MAIL:_____

NAME:_____
ADDRESS: _____
_____
TEL:_____
E-MAIL:_____

NAME:_____
ADDRESS: _____
_____
TEL:_____
E-MAIL:_____

NAME:_____
ADDRESS: _____
_____
TEL:_____
E-MAIL:_____

J

NAME:_____
ADDRESS: _____
_____
TEL:_____
E-MAIL:_____

NAME:_____
ADDRESS: _____
_____
TEL:_____
E-MAIL:_____

NAME:_____
ADDRESS: _____
_____
TEL:_____
E-MAIL:_____

NAME:_____
ADDRESS: _____
_____
TEL:_____
E-MAIL:_____

NAME:_____
ADDRESS: _____
_____
TEL:_____
E-MAIL:_____

J

NAME:_____
ADDRESS: _____
_____
TEL:_____
E-MAIL:_____

NAME:_____
ADDRESS: _____
_____
TEL:_____
E-MAIL:_____

NAME:_____
ADDRESS: _____
_____
TEL:_____
E-MAIL:_____

NAME:_____
ADDRESS: _____
_____
TEL:_____
E-MAIL:_____

NAME:_____
ADDRESS: _____
_____
TEL:_____
E-MAIL:_____

J

NAME:_____
ADDRESS: _____
_____
TEL:_____
E-MAIL:_____

NAME:_____
ADDRESS: _____
_____
TEL:_____
E-MAIL:_____

NAME:_____
ADDRESS: _____
_____
TEL:_____
E-MAIL:_____

NAME:_____
ADDRESS: _____
_____
TEL:_____
E-MAIL:_____

NAME:_____
ADDRESS: _____
_____
TEL:_____
E-MAIL:_____

J

NAME:_____
ADDRESS: _____
_____
TEL:_____
E-MAIL:_____

NAME:_____
ADDRESS: _____
_____
TEL:_____
E-MAIL:_____

NAME:_____
ADDRESS: _____
_____
TEL:_____
E-MAIL:_____

NAME:_____
ADDRESS: _____
_____
TEL:_____
E-MAIL:_____

NAME:_____
ADDRESS: _____
_____
TEL:_____
E-MAIL:_____

K

NAME:_____
ADDRESS: _____
_____
TEL:_____
E-MAIL:_____

NAME:_____
ADDRESS: _____
_____
TEL:_____
E-MAIL:_____

NAME:_____
ADDRESS: _____
_____
TEL:_____
E-MAIL:_____

NAME:_____
ADDRESS: _____
_____
TEL:_____
E-MAIL:_____

NAME:_____
ADDRESS: _____
_____
TEL:_____
E-MAIL:_____

K

NAME:_____
ADDRESS: _____
_____
TEL:_____
E-MAIL:_____

NAME:_____
ADDRESS: _____
_____
TEL:_____
E-MAIL:_____

NAME:_____
ADDRESS: _____
_____
TEL:_____
E-MAIL:_____

NAME:_____
ADDRESS: _____
_____
TEL:_____
E-MAIL:_____

NAME:_____
ADDRESS: _____
_____
TEL:_____
E-MAIL:_____

K

NAME:_____
ADDRESS: _____
_____
TEL:_____
E-MAIL:_____

NAME:_____
ADDRESS: _____
_____
TEL:_____
E-MAIL:_____

NAME:_____
ADDRESS: _____
_____
TEL:_____
E-MAIL:_____

NAME:_____
ADDRESS: _____
_____
TEL:_____
E-MAIL:_____

NAME:_____
ADDRESS: _____
_____
TEL:_____
E-MAIL:_____

K

NAME:_____
ADDRESS: _____
_____
TEL:_____
E-MAIL:_____

NAME:_____
ADDRESS: _____
_____
TEL:_____
E-MAIL:_____

NAME:_____
ADDRESS: _____
_____
TEL:_____
E-MAIL:_____

NAME:_____
ADDRESS: _____
_____
TEL:_____
E-MAIL:_____

NAME:_____
ADDRESS: _____
_____
TEL:_____
E-MAIL:_____

K

NAME:_____
ADDRESS: _____
_____
TEL:_____
E-MAIL:_____

NAME:_____
ADDRESS: _____
_____
TEL:_____
E-MAIL:_____

NAME:_____
ADDRESS: _____
_____
TEL:_____
E-MAIL:_____

NAME:_____
ADDRESS: _____
_____
TEL:_____
E-MAIL:_____

NAME:_____
ADDRESS: _____
_____
TEL:_____
E-MAIL:_____

K

NAME:_____
ADDRESS: _____
_____
TEL:_____
E-MAIL:_____

NAME:_____
ADDRESS: _____
_____
TEL:_____
E-MAIL:_____

NAME:_____
ADDRESS: _____
_____
TEL:_____
E-MAIL:_____

NAME:_____
ADDRESS: _____
_____
TEL:_____
E-MAIL:_____

NAME:_____
ADDRESS: _____
_____
TEL:_____
E-MAIL:_____

K

NAME:_____
ADDRESS: _____
_____
TEL:_____
E-MAIL:_____

NAME:_____
ADDRESS: _____
_____
TEL:_____
E-MAIL:_____

NAME:_____
ADDRESS: _____
_____
TEL:_____
E-MAIL:_____

NAME:_____
ADDRESS: _____
_____
TEL:_____
E-MAIL:_____

NAME:_____
ADDRESS: _____
_____
TEL:_____
E-MAIL:_____

K

NAME:_____
ADDRESS: _____
_____
TEL:_____
E-MAIL:_____

NAME:_____
ADDRESS: _____
_____
TEL:_____
E-MAIL:_____

NAME:_____
ADDRESS: _____
_____
TEL:_____
E-MAIL:_____

NAME:_____
ADDRESS: _____
_____
TEL:_____
E-MAIL:_____

NAME:_____
ADDRESS: _____
_____
TEL:_____
E-MAIL:_____

K

NAME:_____
ADDRESS:_____
_____
TEL:_____
E-MAIL:_____

NAME:_____
ADDRESS:_____
_____
TEL:_____
E-MAIL:_____

NAME:_____
ADDRESS:_____
_____
TEL:_____
E-MAIL:_____

NAME:_____
ADDRESS:_____
_____
TEL:_____
E-MAIL:_____

NAME:_____
ADDRESS:_____
_____
TEL:_____
E-MAIL:_____

K

NAME:_____
ADDRESS: _____
_____
TEL:_____
E-MAIL:_____

NAME:_____
ADDRESS: _____
_____
TEL:_____
E-MAIL:_____

NAME:_____
ADDRESS: _____
_____
TEL:_____
E-MAIL:_____

NAME:_____
ADDRESS: _____
_____
TEL:_____
E-MAIL:_____

NAME:_____
ADDRESS: _____
_____
TEL:_____
E-MAIL:_____

K

NAME:_____
ADDRESS: _____
_____
TEL:_____
E-MAIL:_____

NAME:_____
ADDRESS: _____
_____
TEL:_____
E-MAIL:_____

NAME:_____
ADDRESS: _____
_____
TEL:_____
E-MAIL:_____

NAME:_____
ADDRESS: _____
_____
TEL:_____
E-MAIL:_____

NAME:_____
ADDRESS: _____
_____
TEL:_____
E-MAIL:_____

L

NAME:_____
ADDRESS: _____
_____
TEL:_____
E-MAIL:_____

NAME:_____
ADDRESS: _____
_____
TEL:_____
E-MAIL:_____

NAME:_____
ADDRESS: _____
_____
TEL:_____
E-MAIL:_____

NAME:_____
ADDRESS: _____
_____
TEL:_____
E-MAIL:_____

NAME:_____
ADDRESS: _____
_____
TEL:_____
E-MAIL:_____

L

NAME:_____
ADDRESS: _____
_____
TEL:_____
E-MAIL:_____

NAME:_____
ADDRESS: _____
_____
TEL:_____
E-MAIL:_____

NAME:_____
ADDRESS: _____
_____
TEL:_____
E-MAIL:_____

NAME:_____
ADDRESS: _____
_____
TEL:_____
E-MAIL:_____

NAME:_____
ADDRESS: _____
_____
TEL:_____
E-MAIL:_____

L

NAME:_____
ADDRESS: _____
_____
TEL:_____
E-MAIL:_____

NAME:_____
ADDRESS: _____
_____
TEL:_____
E-MAIL:_____

NAME:_____
ADDRESS: _____
_____
TEL:_____
E-MAIL:_____

NAME:_____
ADDRESS: _____
_____
TEL:_____
E-MAIL:_____

NAME:_____
ADDRESS: _____
_____
TEL:_____
E-MAIL:_____

L

NAME:_____
ADDRESS: _____
_____
TEL:_____
E-MAIL:_____

NAME:_____
ADDRESS: _____
_____
TEL:_____
E-MAIL:_____

NAME:_____
ADDRESS: _____
_____
TEL:_____
E-MAIL:_____

NAME:_____
ADDRESS: _____
_____
TEL:_____
E-MAIL:_____

NAME:_____
ADDRESS: _____
_____
TEL:_____
E-MAIL:_____

L

NAME:_____
ADDRESS: _____
_____
TEL:_____
E-MAIL:_____

NAME:_____
ADDRESS: _____
_____
TEL:_____
E-MAIL:_____

NAME:_____
ADDRESS: _____
_____
TEL:_____
E-MAIL:_____

NAME:_____
ADDRESS: _____
_____
TEL:_____
E-MAIL:_____

NAME:_____
ADDRESS: _____
_____
TEL:_____
E-MAIL:_____

L

NAME:_____
ADDRESS: _____
_____
TEL:_____
E-MAIL:_____

NAME:_____
ADDRESS: _____
_____
TEL:_____
E-MAIL:_____

NAME:_____
ADDRESS: _____
_____
TEL:_____
E-MAIL:_____

NAME:_____
ADDRESS: _____
_____
TEL:_____
E-MAIL:_____

NAME:_____
ADDRESS: _____
_____
TEL:_____
E-MAIL:_____

L

NAME:_____
ADDRESS: _____
_____
TEL:_____
E-MAIL:_____

NAME:_____
ADDRESS: _____
_____
TEL:_____
E-MAIL:_____

NAME:_____
ADDRESS: _____
_____
TEL:_____
E-MAIL:_____

NAME:_____
ADDRESS: _____
_____
TEL:_____
E-MAIL:_____

NAME:_____
ADDRESS: _____
_____
TEL:_____
E-MAIL:_____

L

NAME:_____
ADDRESS: _____
_____
TEL:_____
E-MAIL:_____

NAME:_____
ADDRESS: _____
_____
TEL:_____
E-MAIL:_____

NAME:_____
ADDRESS: _____
_____
TEL:_____
E-MAIL:_____

NAME:_____
ADDRESS: _____
_____
TEL:_____
E-MAIL:_____

NAME:_____
ADDRESS: _____
_____
TEL:_____
E-MAIL:_____

L

NAME:_____
ADDRESS: _____
_____
TEL:_____
E-MAIL:_____

NAME:_____
ADDRESS: _____
_____
TEL:_____
E-MAIL:_____

NAME:_____
ADDRESS: _____
_____
TEL:_____
E-MAIL:_____

NAME:_____
ADDRESS: _____
_____
TEL:_____
E-MAIL:_____

NAME:_____
ADDRESS: _____
_____
TEL:_____
E-MAIL:_____

L

NAME:_____
ADDRESS: _____
_____
TEL:_____
E-MAIL:_____

NAME:_____
ADDRESS: _____
_____
TEL:_____
E-MAIL:_____

NAME:_____
ADDRESS: _____
_____
TEL:_____
E-MAIL:_____

NAME:_____
ADDRESS: _____
_____
TEL:_____
E-MAIL:_____

NAME:_____
ADDRESS: _____
_____
TEL:_____
E-MAIL:_____

L

NAME:_____
ADDRESS: _____
_____
TEL:_____
E-MAIL:_____

NAME:_____
ADDRESS: _____
_____
TEL:_____
E-MAIL:_____

NAME:_____
ADDRESS: _____
_____
TEL:_____
E-MAIL:_____

NAME:_____
ADDRESS: _____
_____
TEL:_____
E-MAIL:_____

NAME:_____
ADDRESS: _____
_____
TEL:_____
E-MAIL:_____

M

NAME:_____
ADDRESS: _____
_____
TEL:_____
E-MAIL:_____

NAME:_____
ADDRESS: _____
_____
TEL:_____
E-MAIL:_____

NAME:_____
ADDRESS: _____
_____
TEL:_____
E-MAIL:_____

NAME:_____
ADDRESS: _____
_____
TEL:_____
E-MAIL:_____

NAME:_____
ADDRESS: _____
_____
TEL:_____
E-MAIL:_____

M

NAME:_____
ADDRESS: _____
_____
TEL:_____
E-MAIL:_____

NAME:_____
ADDRESS: _____
_____
TEL:_____
E-MAIL:_____

NAME:_____
ADDRESS: _____
_____
TEL:_____
E-MAIL:_____

NAME:_____
ADDRESS: _____
_____
TEL:_____
E-MAIL:_____

NAME:_____
ADDRESS: _____
_____
TEL:_____
E-MAIL:_____

M

NAME:_____
ADDRESS: _____
_____
TEL:_____
E-MAIL:_____

NAME:_____
ADDRESS: _____
_____
TEL:_____
E-MAIL:_____

NAME:_____
ADDRESS: _____
_____
TEL:_____
E-MAIL:_____

NAME:_____
ADDRESS: _____
_____
TEL:_____
E-MAIL:_____

NAME:_____
ADDRESS: _____
_____
TEL:_____
E-MAIL:_____

M

NAME:_____
ADDRESS: _____
_____
TEL:_____
E-MAIL:_____

NAME:_____
ADDRESS: _____
_____
TEL:_____
E-MAIL:_____

NAME:_____
ADDRESS: _____
_____
TEL:_____
E-MAIL:_____

NAME:_____
ADDRESS: _____
_____
TEL:_____
E-MAIL:_____

NAME:_____
ADDRESS: _____
_____
TEL:_____
E-MAIL:_____

M

NAME:_____
ADDRESS: _____
_____
TEL:_____
E-MAIL:_____

NAME:_____
ADDRESS: _____
_____
TEL:_____
E-MAIL:_____

NAME:_____
ADDRESS: _____
_____
TEL:_____
E-MAIL:_____

NAME:_____
ADDRESS: _____
_____
TEL:_____
E-MAIL:_____

NAME:_____
ADDRESS: _____
_____
TEL:_____
E-MAIL:_____

M

NAME:_____
ADDRESS: _____
_____
TEL:_____
E-MAIL:_____

NAME:_____
ADDRESS: _____
_____
TEL:_____
E-MAIL:_____

NAME:_____
ADDRESS: _____
_____
TEL:_____
E-MAIL:_____

NAME:_____
ADDRESS: _____
_____
TEL:_____
E-MAIL:_____

NAME:_____
ADDRESS: _____
_____
TEL:_____
E-MAIL:_____

M

NAME:_____
ADDRESS: _____
_____
TEL:_____
E-MAIL:_____

NAME:_____
ADDRESS: _____
_____
TEL:_____
E-MAIL:_____

NAME:_____
ADDRESS: _____
_____
TEL:_____
E-MAIL:_____

NAME:_____
ADDRESS: _____
_____
TEL:_____
E-MAIL:_____

NAME:_____
ADDRESS: _____
_____
TEL:_____
E-MAIL:_____

M

NAME:_____
ADDRESS: _____
_____
TEL:_____
E-MAIL:_____

NAME:_____
ADDRESS: _____
_____
TEL:_____
E-MAIL:_____

NAME:_____
ADDRESS: _____
_____
TEL:_____
E-MAIL:_____

NAME:_____
ADDRESS: _____
_____
TEL:_____
E-MAIL:_____

NAME:_____
ADDRESS: _____
_____
TEL:_____
E-MAIL:_____

M

NAME:_____
ADDRESS: _____
_____
TEL:_____
E-MAIL:_____

NAME:_____
ADDRESS: _____
_____
TEL:_____
E-MAIL:_____

NAME:_____
ADDRESS: _____
_____
TEL:_____
E-MAIL:_____

NAME:_____
ADDRESS: _____
_____
TEL:_____
E-MAIL:_____

NAME:_____
ADDRESS: _____
_____
TEL:_____
E-MAIL:_____

M

NAME:_____
ADDRESS: _____
_____
TEL:_____
E-MAIL:_____

NAME:_____
ADDRESS: _____
_____
TEL:_____
E-MAIL:_____

NAME:_____
ADDRESS: _____
_____
TEL:_____
E-MAIL:_____

NAME:_____
ADDRESS: _____
_____
TEL:_____
E-MAIL:_____

NAME:_____
ADDRESS: _____
_____
TEL:_____
E-MAIL:_____

M

NAME:_____
ADDRESS: _____
_____
TEL:_____
E-MAIL:_____

NAME:_____
ADDRESS: _____
_____
TEL:_____
E-MAIL:_____

NAME:_____
ADDRESS: _____
_____
TEL:_____
E-MAIL:_____

NAME:_____
ADDRESS: _____
_____
TEL:_____
E-MAIL:_____

NAME:_____
ADDRESS: _____
_____
TEL:_____
E-MAIL:_____

N

NAME:_____
ADDRESS: _____
_____
TEL:_____
E-MAIL:_____

NAME:_____
ADDRESS: _____
_____
TEL:_____
E-MAIL:_____

NAME:_____
ADDRESS: _____
_____
TEL:_____
E-MAIL:_____

NAME:_____
ADDRESS: _____
_____
TEL:_____
E-MAIL:_____

NAME:_____
ADDRESS: _____
_____
TEL:_____
E-MAIL:_____

N

NAME:_____
ADDRESS: _____
_____
TEL:_____
E-MAIL:_____

NAME:_____
ADDRESS: _____
_____
TEL:_____
E-MAIL:_____

NAME:_____
ADDRESS: _____
_____
TEL:_____
E-MAIL:_____

NAME:_____
ADDRESS: _____
_____
TEL:_____
E-MAIL:_____

NAME:_____
ADDRESS: _____
_____
TEL:_____
E-MAIL:_____

N

NAME:_____
ADDRESS: _____
_____
TEL:_____
E-MAIL:_____

NAME:_____
ADDRESS: _____
_____
TEL:_____
E-MAIL:_____

NAME:_____
ADDRESS: _____
_____
TEL:_____
E-MAIL:_____

NAME:_____
ADDRESS: _____
_____
TEL:_____
E-MAIL:_____

NAME:_____
ADDRESS: _____
_____
TEL:_____
E-MAIL:_____

N

NAME:_____
ADDRESS: _____
_____
TEL:_____
E-MAIL:_____

NAME:_____
ADDRESS: _____
_____
TEL:_____
E-MAIL:_____

NAME:_____
ADDRESS: _____
_____
TEL:_____
E-MAIL:_____

NAME:_____
ADDRESS: _____
_____
TEL:_____
E-MAIL:_____

NAME:_____
ADDRESS: _____
_____
TEL:_____
E-MAIL:_____

N

NAME:_____
ADDRESS: _____
_____
TEL:_____
E-MAIL:_____

NAME:_____
ADDRESS: _____
_____
TEL:_____
E-MAIL:_____

NAME:_____
ADDRESS: _____
_____
TEL:_____
E-MAIL:_____

NAME:_____
ADDRESS: _____
_____
TEL:_____
E-MAIL:_____

NAME:_____
ADDRESS: _____
_____
TEL:_____
E-MAIL:_____

N

NAME:_____
ADDRESS: _____
_____
TEL:_____
E-MAIL:_____

NAME:_____
ADDRESS: _____
_____
TEL:_____
E-MAIL:_____

NAME:_____
ADDRESS: _____
_____
TEL:_____
E-MAIL:_____

NAME:_____
ADDRESS: _____
_____
TEL:_____
E-MAIL:_____

NAME:_____
ADDRESS: _____
_____
TEL:_____
E-MAIL:_____

N

NAME:_____
ADDRESS: _____
_____
TEL:_____
E-MAIL:_____

NAME:_____
ADDRESS: _____
_____
TEL:_____
E-MAIL:_____

NAME:_____
ADDRESS: _____
_____
TEL:_____
E-MAIL:_____

NAME:_____
ADDRESS: _____
_____
TEL:_____
E-MAIL:_____

NAME:_____
ADDRESS: _____
_____
TEL:_____
E-MAIL:_____

N

NAME:_____
ADDRESS: _____
_____
TEL:_____
E-MAIL:_____

NAME:_____
ADDRESS: _____
_____
TEL:_____
E-MAIL:_____

NAME:_____
ADDRESS: _____
_____
TEL:_____
E-MAIL:_____

NAME:_____
ADDRESS: _____
_____
TEL:_____
E-MAIL:_____

NAME:_____
ADDRESS: _____
_____
TEL:_____
E-MAIL:_____

N

NAME:_____
ADDRESS: _____
_____
TEL:_____
E-MAIL:_____

NAME:_____
ADDRESS: _____
_____
TEL:_____
E-MAIL:_____

NAME:_____
ADDRESS: _____
_____
TEL:_____
E-MAIL:_____

NAME:_____
ADDRESS: _____
_____
TEL:_____
E-MAIL:_____

NAME:_____
ADDRESS: _____
_____
TEL:_____
E-MAIL:_____

N

NAME:_____
ADDRESS: _____
_____
TEL:_____
E-MAIL:_____

NAME:_____
ADDRESS: _____
_____
TEL:_____
E-MAIL:_____

NAME:_____
ADDRESS: _____
_____
TEL:_____
E-MAIL:_____

NAME:_____
ADDRESS: _____
_____
TEL:_____
E-MAIL:_____

NAME:_____
ADDRESS: _____
_____
TEL:_____
E-MAIL:_____

N

NAME:_____
ADDRESS: _____
_____
TEL:_____
E-MAIL:_____

NAME:_____
ADDRESS: _____
_____
TEL:_____
E-MAIL:_____

NAME:_____
ADDRESS: _____
_____
TEL:_____
E-MAIL:_____

NAME:_____
ADDRESS: _____
_____
TEL:_____
E-MAIL:_____

NAME:_____
ADDRESS: _____
_____
TEL:_____
E-MAIL:_____

O

NAME:_____
ADDRESS: _____
_____
TEL:_____
E-MAIL:_____

NAME:_____
ADDRESS: _____
_____
TEL:_____
E-MAIL:_____

NAME:_____
ADDRESS: _____
_____
TEL:_____
E-MAIL:_____

NAME:_____
ADDRESS: _____
_____
TEL:_____
E-MAIL:_____

NAME:_____
ADDRESS: _____
_____
TEL:_____
E-MAIL:_____

O

NAME:_____
ADDRESS: _____
_____
TEL:_____
E-MAIL:_____

NAME:_____
ADDRESS: _____
_____
TEL:_____
E-MAIL:_____

NAME:_____
ADDRESS: _____
_____
TEL:_____
E-MAIL:_____

NAME:_____
ADDRESS: _____
_____
TEL:_____
E-MAIL:_____

NAME:_____
ADDRESS: _____
_____
TEL:_____
E-MAIL:_____

O

NAME:_____
ADDRESS: _____
_____
TEL:_____
E-MAIL:_____

NAME:_____
ADDRESS: _____
_____
TEL:_____
E-MAIL:_____

NAME:_____
ADDRESS: _____
_____
TEL:_____
E-MAIL:_____

NAME:_____
ADDRESS: _____
_____
TEL:_____
E-MAIL:_____

NAME:_____
ADDRESS: _____
_____
TEL:_____
E-MAIL:_____

O

NAME:_____
ADDRESS: _____
_____
TEL:_____
E-MAIL:_____

NAME:_____
ADDRESS: _____
_____
TEL:_____
E-MAIL:_____

NAME:_____
ADDRESS: _____
_____
TEL:_____
E-MAIL:_____

NAME:_____
ADDRESS: _____
_____
TEL:_____
E-MAIL:_____

NAME:_____
ADDRESS: _____
_____
TEL:_____
E-MAIL:_____

O

NAME:_____
ADDRESS: _____
_____
TEL:_____
E-MAIL:_____

NAME:_____
ADDRESS: _____
_____
TEL:_____
E-MAIL:_____

NAME:_____
ADDRESS: _____
_____
TEL:_____
E-MAIL:_____

NAME:_____
ADDRESS: _____
_____
TEL:_____
E-MAIL:_____

NAME:_____
ADDRESS: _____
_____
TEL:_____
E-MAIL:_____

O

NAME:_____
ADDRESS: _____
_____
TEL:_____
E-MAIL:_____

NAME:_____
ADDRESS: _____
_____
TEL:_____
E-MAIL:_____

NAME:_____
ADDRESS: _____
_____
TEL:_____
E-MAIL:_____

NAME:_____
ADDRESS: _____
_____
TEL:_____
E-MAIL:_____

NAME:_____
ADDRESS: _____
_____
TEL:_____
E-MAIL:_____

P

NAME:_____
ADDRESS: _____
_____
TEL:_____
E-MAIL:_____

NAME:_____
ADDRESS: _____
_____
TEL:_____
E-MAIL:_____

NAME:_____
ADDRESS: _____
_____
TEL:_____
E-MAIL:_____

NAME:_____
ADDRESS: _____
_____
TEL:_____
E-MAIL:_____

NAME:_____
ADDRESS: _____
_____
TEL:_____
E-MAIL:_____

P

NAME:_____
ADDRESS: _____
_____
TEL:_____
E-MAIL:_____

NAME:_____
ADDRESS: _____
_____
TEL:_____
E-MAIL:_____

NAME:_____
ADDRESS: _____
_____
TEL:_____
E-MAIL:_____

NAME:_____
ADDRESS: _____
_____
TEL:_____
E-MAIL:_____

NAME:_____
ADDRESS: _____
_____
TEL:_____
E-MAIL:_____

P

NAME:_____
ADDRESS: _____
_____
TEL:_____
E-MAIL:_____

NAME:_____
ADDRESS: _____
_____
TEL:_____
E-MAIL:_____

NAME:_____
ADDRESS: _____
_____
TEL:_____
E-MAIL:_____

NAME:_____
ADDRESS: _____
_____
TEL:_____
E-MAIL:_____

NAME:_____
ADDRESS: _____
_____
TEL:_____
E-MAIL:_____

P

NAME:_____
ADDRESS: _____
_____
TEL:_____
E-MAIL:_____

NAME:_____
ADDRESS: _____
_____
TEL:_____
E-MAIL:_____

NAME:_____
ADDRESS: _____
_____
TEL:_____
E-MAIL:_____

NAME:_____
ADDRESS: _____
_____
TEL:_____
E-MAIL:_____

NAME:_____
ADDRESS: _____
_____
TEL:_____
E-MAIL:_____

P

NAME:_____
ADDRESS: _____
_____
TEL:_____
E-MAIL:_____

NAME:_____
ADDRESS: _____
_____
TEL:_____
E-MAIL:_____

NAME:_____
ADDRESS: _____
_____
TEL:_____
E-MAIL:_____

NAME:_____
ADDRESS: _____
_____
TEL:_____
E-MAIL:_____

NAME:_____
ADDRESS: _____
_____
TEL:_____
E-MAIL:_____

P

NAME:_____
ADDRESS: _____
_____
TEL:_____
E-MAIL:_____

NAME:_____
ADDRESS: _____
_____
TEL:_____
E-MAIL:_____

NAME:_____
ADDRESS: _____
_____
TEL:_____
E-MAIL:_____

NAME:_____
ADDRESS: _____
_____
TEL:_____
E-MAIL:_____

NAME:_____
ADDRESS: _____
_____
TEL:_____
E-MAIL:_____

P

NAME:_____
ADDRESS: _____
_____
TEL:_____
E-MAIL:_____

NAME:_____
ADDRESS: _____
_____
TEL:_____
E-MAIL:_____

NAME:_____
ADDRESS: _____
_____
TEL:_____
E-MAIL:_____

NAME:_____
ADDRESS: _____
_____
TEL:_____
E-MAIL:_____

NAME:_____
ADDRESS: _____
_____
TEL:_____
E-MAIL:_____

P

NAME:_____
ADDRESS: _____
_____
TEL:_____
E-MAIL:_____

NAME:_____
ADDRESS: _____
_____
TEL:_____
E-MAIL:_____

NAME:_____
ADDRESS: _____
_____
TEL:_____
E-MAIL:_____

NAME:_____
ADDRESS: _____
_____
TEL:_____
E-MAIL:_____

NAME:_____
ADDRESS: _____
_____
TEL:_____
E-MAIL:_____

P

NAME:_____
ADDRESS: _____
_____
TEL:_____
E-MAIL:_____

NAME:_____
ADDRESS: _____
_____
TEL:_____
E-MAIL:_____

NAME:_____
ADDRESS: _____
_____
TEL:_____
E-MAIL:_____

NAME:_____
ADDRESS: _____
_____
TEL:_____
E-MAIL:_____

NAME:_____
ADDRESS: _____
_____
TEL:_____
E-MAIL:_____

P

NAME:_____
ADDRESS: _____
_____
TEL:_____
E-MAIL:_____

NAME:_____
ADDRESS: _____
_____
TEL:_____
E-MAIL:_____

NAME:_____
ADDRESS: _____
_____
TEL:_____
E-MAIL:_____

NAME:_____
ADDRESS: _____
_____
TEL:_____
E-MAIL:_____

NAME:_____
ADDRESS: _____
_____
TEL:_____
E-MAIL:_____

P

NAME:_____
ADDRESS: _____
_____
TEL:_____
E-MAIL:_____

NAME:_____
ADDRESS: _____
_____
TEL:_____
E-MAIL:_____

NAME:_____
ADDRESS: _____
_____
TEL:_____
E-MAIL:_____

NAME:_____
ADDRESS: _____
_____
TEL:_____
E-MAIL:_____

NAME:_____
ADDRESS: _____
_____
TEL:_____
E-MAIL:_____

Q

NAME:_____
ADDRESS: _____
_____
TEL:_____
E-MAIL:_____

NAME:_____
ADDRESS: _____
_____
TEL:_____
E-MAIL:_____

NAME:_____
ADDRESS: _____
_____
TEL:_____
E-MAIL:_____

NAME:_____
ADDRESS: _____
_____
TEL:_____
E-MAIL:_____

NAME:_____
ADDRESS: _____
_____
TEL:_____
E-MAIL:_____

Q

NAME:_____
ADDRESS: _____
_____
TEL:_____
E-MAIL:_____

NAME:_____
ADDRESS: _____
_____
TEL:_____
E-MAIL:_____

NAME:_____
ADDRESS: _____
_____
TEL:_____
E-MAIL:_____

NAME:_____
ADDRESS: _____
_____
TEL:_____
E-MAIL:_____

NAME:_____
ADDRESS: _____
_____
TEL:_____
E-MAIL:_____

Q

NAME:_____
ADDRESS: _____
_____
TEL:_____
E-MAIL:_____

NAME:_____
ADDRESS: _____
_____
TEL:_____
E-MAIL:_____

NAME:_____
ADDRESS: _____
_____
TEL:_____
E-MAIL:_____

NAME:_____
ADDRESS: _____
_____
TEL:_____
E-MAIL:_____

NAME:_____
ADDRESS: _____
_____
TEL:_____
E-MAIL:_____

Q

NAME:_____
ADDRESS: _____
_____
TEL:_____
E-MAIL:_____

NAME:_____
ADDRESS: _____
_____
TEL:_____
E-MAIL:_____

NAME:_____
ADDRESS: _____
_____
TEL:_____
E-MAIL:_____

NAME:_____
ADDRESS: _____
_____
TEL:_____
E-MAIL:_____

NAME:_____
ADDRESS: _____
_____
TEL:_____
E-MAIL:_____

Q

NAME:_____
ADDRESS: _____
_____
TEL:_____
E-MAIL:_____

NAME:_____
ADDRESS: _____
_____
TEL:_____
E-MAIL:_____

NAME:_____
ADDRESS: _____
_____
TEL:_____
E-MAIL:_____

NAME:_____
ADDRESS: _____
_____
TEL:_____
E-MAIL:_____

NAME:_____
ADDRESS: _____
_____
TEL:_____
E-MAIL:_____

Q

NAME:_____
ADDRESS: _____
_____
TEL:_____
E-MAIL:_____

NAME:_____
ADDRESS: _____
_____
TEL:_____
E-MAIL:_____

NAME:_____
ADDRESS: _____
_____
TEL:_____
E-MAIL:_____

NAME:_____
ADDRESS: _____
_____
TEL:_____
E-MAIL:_____

NAME:_____
ADDRESS: _____
_____
TEL:_____
E-MAIL:_____

R

NAME:_____
ADDRESS: _____
_____
TEL:_____
E-MAIL:_____

NAME:_____
ADDRESS: _____
_____
TEL:_____
E-MAIL:_____

NAME:_____
ADDRESS: _____
_____
TEL:_____
E-MAIL:_____

NAME:_____
ADDRESS: _____
_____
TEL:_____
E-MAIL:_____

NAME:_____
ADDRESS: _____
_____
TEL:_____
E-MAIL:_____

R

NAME:_____
ADDRESS: _____
_____
TEL:_____
E-MAIL:_____

NAME:_____
ADDRESS: _____
_____
TEL:_____
E-MAIL:_____

NAME:_____
ADDRESS: _____
_____
TEL:_____
E-MAIL:_____

NAME:_____
ADDRESS: _____
_____
TEL:_____
E-MAIL:_____

NAME:_____
ADDRESS: _____
_____
TEL:_____
E-MAIL:_____

R

NAME:_____
ADDRESS: _____
_____
TEL:_____
E-MAIL:_____

NAME:_____
ADDRESS: _____
_____
TEL:_____
E-MAIL:_____

NAME:_____
ADDRESS: _____
_____
TEL:_____
E-MAIL:_____

NAME:_____
ADDRESS: _____
_____
TEL:_____
E-MAIL:_____

NAME:_____
ADDRESS: _____
_____
TEL:_____
E-MAIL:_____

R

NAME:_____
ADDRESS: _____
_____
TEL:_____
E-MAIL:_____

NAME:_____
ADDRESS: _____
_____
TEL:_____
E-MAIL:_____

NAME:_____
ADDRESS: _____
_____
TEL:_____
E-MAIL:_____

NAME:_____
ADDRESS: _____
_____
TEL:_____
E-MAIL:_____

NAME:_____
ADDRESS: _____
_____
TEL:_____
E-MAIL:_____

R

NAME:_____
ADDRESS: _____
_____
TEL:_____
E-MAIL:_____

NAME:_____
ADDRESS: _____
_____
TEL:_____
E-MAIL:_____

NAME:_____
ADDRESS: _____
_____
TEL:_____
E-MAIL:_____

NAME:_____
ADDRESS: _____
_____
TEL:_____
E-MAIL:_____

NAME:_____
ADDRESS: _____
_____
TEL:_____
E-MAIL:_____

R

NAME:_____
ADDRESS: _____
_____
TEL:_____
E-MAIL:_____

NAME:_____
ADDRESS: _____
_____
TEL:_____
E-MAIL:_____

NAME:_____
ADDRESS: _____
_____
TEL:_____
E-MAIL:_____

NAME:_____
ADDRESS: _____
_____
TEL:_____
E-MAIL:_____

NAME:_____
ADDRESS: _____
_____
TEL:_____
E-MAIL:_____

R

NAME:_____
ADDRESS: _____
_____
TEL:_____
E-MAIL:_____

NAME:_____
ADDRESS: _____
_____
TEL:_____
E-MAIL:_____

NAME:_____
ADDRESS: _____
_____
TEL:_____
E-MAIL:_____

NAME:_____
ADDRESS: _____
_____
TEL:_____
E-MAIL:_____

NAME:_____
ADDRESS: _____
_____
TEL:_____
E-MAIL:_____

R

NAME:_____
ADDRESS: _____
_____
TEL:_____
E-MAIL:_____

NAME:_____
ADDRESS: _____
_____
TEL:_____
E-MAIL:_____

NAME:_____
ADDRESS: _____
_____
TEL:_____
E-MAIL:_____

NAME:_____
ADDRESS: _____
_____
TEL:_____
E-MAIL:_____

NAME:_____
ADDRESS: _____
_____
TEL:_____
E-MAIL:_____

R

NAME:_____
ADDRESS: _____
_____
TEL:_____
E-MAIL:_____

NAME:_____
ADDRESS: _____
_____
TEL:_____
E-MAIL:_____

NAME:_____
ADDRESS: _____
_____
TEL:_____
E-MAIL:_____

NAME:_____
ADDRESS: _____
_____
TEL:_____
E-MAIL:_____

NAME:_____
ADDRESS: _____
_____
TEL:_____
E-MAIL:_____

R

NAME:_____
ADDRESS: _____
_____
TEL:_____
E-MAIL:_____

NAME:_____
ADDRESS: _____
_____
TEL:_____
E-MAIL:_____

NAME:_____
ADDRESS: _____
_____
TEL:_____
E-MAIL:_____

NAME:_____
ADDRESS: _____
_____
TEL:_____
E-MAIL:_____

NAME:_____
ADDRESS: _____
_____
TEL:_____
E-MAIL:_____

R

NAME:_____
ADDRESS: _____
_____
TEL:_____
E-MAIL:_____

NAME:_____
ADDRESS: _____
_____
TEL:_____
E-MAIL:_____

NAME:_____
ADDRESS: _____
_____
TEL:_____
E-MAIL:_____

NAME:_____
ADDRESS: _____
_____
TEL:_____
E-MAIL:_____

NAME:_____
ADDRESS: _____
_____
TEL:_____
E-MAIL:_____

S

NAME:_____
ADDRESS: _____
_____
TEL:_____
E-MAIL:_____

NAME:_____
ADDRESS: _____
_____
TEL:_____
E-MAIL:_____

NAME:_____
ADDRESS: _____
_____
TEL:_____
E-MAIL:_____

NAME:_____
ADDRESS: _____
_____
TEL:_____
E-MAIL:_____

NAME:_____
ADDRESS: _____
_____
TEL:_____
E-MAIL:_____

S

NAME:_____
ADDRESS: _____
_____
TEL:_____
E-MAIL:_____

NAME:_____
ADDRESS: _____
_____
TEL:_____
E-MAIL:_____

NAME:_____
ADDRESS: _____
_____
TEL:_____
E-MAIL:_____

NAME:_____
ADDRESS: _____
_____
TEL:_____
E-MAIL:_____

NAME:_____
ADDRESS: _____
_____
TEL:_____
E-MAIL:_____

S

NAME:_____
ADDRESS: _____
_____
TEL:_____
E-MAIL:_____

NAME:_____
ADDRESS: _____
_____
TEL:_____
E-MAIL:_____

NAME:_____
ADDRESS: _____
_____
TEL:_____
E-MAIL:_____

NAME:_____
ADDRESS: _____
_____
TEL:_____
E-MAIL:_____

NAME:_____
ADDRESS: _____
_____
TEL:_____
E-MAIL:_____

S

NAME:_____
ADDRESS: _____
_____
TEL:_____
E-MAIL:_____

NAME:_____
ADDRESS: _____
_____
TEL:_____
E-MAIL:_____

NAME:_____
ADDRESS: _____
_____
TEL:_____
E-MAIL:_____

NAME:_____
ADDRESS: _____
_____
TEL:_____
E-MAIL:_____

NAME:_____
ADDRESS: _____
_____
TEL:_____
E-MAIL:_____

S

NAME:_____
ADDRESS: _____
_____
TEL:_____
E-MAIL:_____

NAME:_____
ADDRESS: _____
_____
TEL:_____
E-MAIL:_____

NAME:_____
ADDRESS: _____
_____
TEL:_____
E-MAIL:_____

NAME:_____
ADDRESS: _____
_____
TEL:_____
E-MAIL:_____

NAME:_____
ADDRESS: _____
_____
TEL:_____
E-MAIL:_____

S

NAME:_____
ADDRESS: _____
_____
TEL:_____
E-MAIL:_____

NAME:_____
ADDRESS: _____
_____
TEL:_____
E-MAIL:_____

NAME:_____
ADDRESS: _____
_____
TEL:_____
E-MAIL:_____

NAME:_____
ADDRESS: _____
_____
TEL:_____
E-MAIL:_____

NAME:_____
ADDRESS: _____
_____
TEL:_____
E-MAIL:_____

S

NAME:_____
ADDRESS: _____
_____
TEL:_____
E-MAIL:_____

NAME:_____
ADDRESS: _____
_____
TEL:_____
E-MAIL:_____

NAME:_____
ADDRESS: _____
_____
TEL:_____
E-MAIL:_____

NAME:_____
ADDRESS: _____
_____
TEL:_____
E-MAIL:_____

NAME:_____
ADDRESS: _____
_____
TEL:_____
E-MAIL:_____

S

NAME:_____
ADDRESS: _____
_____
TEL:_____
E-MAIL:_____

NAME:_____
ADDRESS: _____
_____
TEL:_____
E-MAIL:_____

NAME:_____
ADDRESS: _____
_____
TEL:_____
E-MAIL:_____

NAME:_____
ADDRESS: _____
_____
TEL:_____
E-MAIL:_____

NAME:_____
ADDRESS: _____
_____
TEL:_____
E-MAIL:_____

S

NAME:_____
ADDRESS: _____
_____
TEL:_____
E-MAIL:_____

NAME:_____
ADDRESS: _____
_____
TEL:_____
E-MAIL:_____

NAME:_____
ADDRESS: _____
_____
TEL:_____
E-MAIL:_____

NAME:_____
ADDRESS: _____
_____
TEL:_____
E-MAIL:_____

NAME:_____
ADDRESS: _____
_____
TEL:_____
E-MAIL:_____

S

NAME:_____
ADDRESS: _____
_____
TEL:_____
E-MAIL:_____

NAME:_____
ADDRESS: _____
_____
TEL:_____
E-MAIL:_____

NAME:_____
ADDRESS: _____
_____
TEL:_____
E-MAIL:_____

NAME:_____
ADDRESS: _____
_____
TEL:_____
E-MAIL:_____

NAME:_____
ADDRESS: _____
_____
TEL:_____
E-MAIL:_____

S

NAME:_____
ADDRESS: _____
_____
TEL:_____
E-MAIL:_____

NAME:_____
ADDRESS: _____
_____
TEL:_____
E-MAIL:_____

NAME:_____
ADDRESS: _____
_____
TEL:_____
E-MAIL:_____

NAME:_____
ADDRESS: _____
_____
TEL:_____
E-MAIL:_____

NAME:_____
ADDRESS: _____
_____
TEL:_____
E-MAIL:_____

T

NAME:_____
ADDRESS: _____
_____
TEL:_____
E-MAIL:_____

NAME:_____
ADDRESS: _____
_____
TEL:_____
E-MAIL:_____

NAME:_____
ADDRESS: _____
_____
TEL:_____
E-MAIL:_____

NAME:_____
ADDRESS: _____
_____
TEL:_____
E-MAIL:_____

NAME:_____
ADDRESS: _____
_____
TEL:_____
E-MAIL:_____

T

NAME:_____
ADDRESS: _____
_____
TEL:_____
E-MAIL:_____

NAME:_____
ADDRESS: _____
_____
TEL:_____
E-MAIL:_____

NAME:_____
ADDRESS: _____
_____
TEL:_____
E-MAIL:_____

NAME:_____
ADDRESS: _____
_____
TEL:_____
E-MAIL:_____

NAME:_____
ADDRESS: _____
_____
TEL:_____
E-MAIL:_____

T

NAME:_____
ADDRESS: _____
_____
TEL:_____
E-MAIL:_____

NAME:_____
ADDRESS: _____
_____
TEL:_____
E-MAIL:_____

NAME:_____
ADDRESS: _____
_____
TEL:_____
E-MAIL:_____

NAME:_____
ADDRESS: _____
_____
TEL:_____
E-MAIL:_____

NAME:_____
ADDRESS: _____
_____
TEL:_____
E-MAIL:_____

T

NAME:_____
ADDRESS: _____
_____
TEL:_____
E-MAIL:_____

NAME:_____
ADDRESS: _____
_____
TEL:_____
E-MAIL:_____

NAME:_____
ADDRESS: _____
_____
TEL:_____
E-MAIL:_____

NAME:_____
ADDRESS: _____
_____
TEL:_____
E-MAIL:_____

NAME:_____
ADDRESS: _____
_____
TEL:_____
E-MAIL:_____

T

NAME:_____
ADDRESS: _____
_____
TEL:_____
E-MAIL:_____

NAME:_____
ADDRESS: _____
_____
TEL:_____
E-MAIL:_____

NAME:_____
ADDRESS: _____
_____
TEL:_____
E-MAIL:_____

NAME:_____
ADDRESS: _____
_____
TEL:_____
E-MAIL:_____

NAME:_____
ADDRESS: _____
_____
TEL:_____
E-MAIL:_____

T

NAME:_____
ADDRESS: _____
_____
TEL:_____
E-MAIL:_____

NAME:_____
ADDRESS: _____
_____
TEL:_____
E-MAIL:_____

NAME:_____
ADDRESS: _____
_____
TEL:_____
E-MAIL:_____

NAME:_____
ADDRESS: _____
_____
TEL:_____
E-MAIL:_____

NAME:_____
ADDRESS: _____
_____
TEL:_____
E-MAIL:_____

T

NAME:_____
ADDRESS: _____
_____
TEL:_____
E-MAIL:_____

NAME:_____
ADDRESS: _____
_____
TEL:_____
E-MAIL:_____

NAME:_____
ADDRESS: _____
_____
TEL:_____
E-MAIL:_____

NAME:_____
ADDRESS: _____
_____
TEL:_____
E-MAIL:_____

NAME:_____
ADDRESS: _____
_____
TEL:_____
E-MAIL:_____

T

NAME:_____
ADDRESS: _____
_____
TEL:_____
E-MAIL:_____

NAME:_____
ADDRESS: _____
_____
TEL:_____
E-MAIL:_____

NAME:_____
ADDRESS: _____
_____
TEL:_____
E-MAIL:_____

NAME:_____
ADDRESS: _____
_____
TEL:_____
E-MAIL:_____

NAME:_____
ADDRESS: _____
_____
TEL:_____
E-MAIL:_____

T

NAME:_____
ADDRESS: _____
_____
TEL:_____
E-MAIL:_____

NAME:_____
ADDRESS: _____
_____
TEL:_____
E-MAIL:_____

NAME:_____
ADDRESS: _____
_____
TEL:_____
E-MAIL:_____

NAME:_____
ADDRESS: _____
_____
TEL:_____
E-MAIL:_____

NAME:_____
ADDRESS: _____
_____
TEL:_____
E-MAIL:_____

T

NAME:_____

ADDRESS: _____

_____

TEL:_____

E-MAIL:_____

NAME:_____

ADDRESS: _____

_____

TEL:_____

E-MAIL:_____

NAME:_____

ADDRESS: _____

_____

TEL:_____

E-MAIL:_____

NAME:_____

ADDRESS: _____

_____

TEL:_____

E-MAIL:_____

NAME:_____

ADDRESS: _____

_____

TEL:_____

E-MAIL:_____

T

NAME:_____
ADDRESS: _____
_____
TEL:_____
E-MAIL:_____

NAME:_____
ADDRESS: _____
_____
TEL:_____
E-MAIL:_____

NAME:_____
ADDRESS: _____
_____
TEL:_____
E-MAIL:_____

NAME:_____
ADDRESS: _____
_____
TEL:_____
E-MAIL:_____

NAME:_____
ADDRESS: _____
_____
TEL:_____
E-MAIL:_____

U

NAME:_____
ADDRESS: _____
_____
TEL:_____
E-MAIL:_____

NAME:_____
ADDRESS: _____
_____
TEL:_____
E-MAIL:_____

NAME:_____
ADDRESS: _____
_____
TEL:_____
E-MAIL:_____

NAME:_____
ADDRESS: _____
_____
TEL:_____
E-MAIL:_____

NAME:_____
ADDRESS: _____
_____
TEL:_____
E-MAIL:_____

U

NAME:_____
ADDRESS: _____
_____
TEL:_____
E-MAIL:_____

NAME:_____
ADDRESS: _____
_____
TEL:_____
E-MAIL:_____

NAME:_____
ADDRESS: _____
_____
TEL:_____
E-MAIL:_____

NAME:_____
ADDRESS: _____
_____
TEL:_____
E-MAIL:_____

NAME:_____
ADDRESS: _____
_____
TEL:_____
E-MAIL:_____

U

NAME:_____
ADDRESS: _____
_____
TEL:_____
E-MAIL:_____

NAME:_____
ADDRESS: _____
_____
TEL:_____
E-MAIL:_____

NAME:_____
ADDRESS: _____
_____
TEL:_____
E-MAIL:_____

NAME:_____
ADDRESS: _____
_____
TEL:_____
E-MAIL:_____

NAME:_____
ADDRESS: _____
_____
TEL:_____
E-MAIL:_____

U

NAME:_____
ADDRESS: _____
_____
TEL:_____
E-MAIL:_____

NAME:_____
ADDRESS: _____
_____
TEL:_____
E-MAIL:_____

NAME:_____
ADDRESS: _____
_____
TEL:_____
E-MAIL:_____

NAME:_____
ADDRESS: _____
_____
TEL:_____
E-MAIL:_____

NAME:_____
ADDRESS: _____
_____
TEL:_____
E-MAIL:_____

U

NAME:_____
ADDRESS: _____
_____
TEL:_____
E-MAIL:_____

NAME:_____
ADDRESS: _____
_____
TEL:_____
E-MAIL:_____

NAME:_____
ADDRESS: _____
_____
TEL:_____
E-MAIL:_____

NAME:_____
ADDRESS: _____
_____
TEL:_____
E-MAIL:_____

NAME:_____
ADDRESS: _____
_____
TEL:_____
E-MAIL:_____

U

NAME:_____
ADDRESS: _____
_____
TEL:_____
E-MAIL:_____

NAME:_____
ADDRESS: _____
_____
TEL:_____
E-MAIL:_____

NAME:_____
ADDRESS: _____
_____
TEL:_____
E-MAIL:_____

NAME:_____
ADDRESS: _____
_____
TEL:_____
E-MAIL:_____

NAME:_____
ADDRESS: _____
_____
TEL:_____
E-MAIL:_____

V

NAME:_____
ADDRESS: _____
_____
TEL:_____
E-MAIL:_____

NAME:_____
ADDRESS: _____
_____
TEL:_____
E-MAIL:_____

NAME:_____
ADDRESS: _____
_____
TEL:_____
E-MAIL:_____

NAME:_____
ADDRESS: _____
_____
TEL:_____
E-MAIL:_____

NAME:_____
ADDRESS: _____
_____
TEL:_____
E-MAIL:_____

V

NAME:_____
ADDRESS: _____
_____
TEL:_____
E-MAIL:_____

NAME:_____
ADDRESS: _____
_____
TEL:_____
E-MAIL:_____

NAME:_____
ADDRESS: _____
_____
TEL:_____
E-MAIL:_____

NAME:_____
ADDRESS: _____
_____
TEL:_____
E-MAIL:_____

NAME:_____
ADDRESS: _____
_____
TEL:_____
E-MAIL:_____

V

NAME:_____
ADDRESS: _____
_____
TEL:_____
E-MAIL:_____

NAME:_____
ADDRESS: _____
_____
TEL:_____
E-MAIL:_____

NAME:_____
ADDRESS: _____
_____
TEL:_____
E-MAIL:_____

NAME:_____
ADDRESS: _____
_____
TEL:_____
E-MAIL:_____

NAME:_____
ADDRESS: _____
_____
TEL:_____
E-MAIL:_____

V

NAME:_____
ADDRESS: _____
_____
TEL:_____
E-MAIL:_____

NAME:_____
ADDRESS: _____
_____
TEL:_____
E-MAIL:_____

NAME:_____
ADDRESS: _____
_____
TEL:_____
E-MAIL:_____

NAME:_____
ADDRESS: _____
_____
TEL:_____
E-MAIL:_____

NAME:_____
ADDRESS: _____
_____
TEL:_____
E-MAIL:_____

V

NAME:_____
ADDRESS: _____
_____
TEL:_____
E-MAIL:_____

NAME:_____
ADDRESS: _____
_____
TEL:_____
E-MAIL:_____

NAME:_____
ADDRESS: _____
_____
TEL:_____
E-MAIL:_____

NAME:_____
ADDRESS: _____
_____
TEL:_____
E-MAIL:_____

NAME:_____
ADDRESS: _____
_____
TEL:_____
E-MAIL:_____

V

NAME:_____
ADDRESS: _____
_____
TEL:_____
E-MAIL:_____

NAME:_____
ADDRESS: _____
_____
TEL:_____
E-MAIL:_____

NAME:_____
ADDRESS: _____
_____
TEL:_____
E-MAIL:_____

NAME:_____
ADDRESS: _____
_____
TEL:_____
E-MAIL:_____

NAME:_____
ADDRESS: _____
_____
TEL:_____
E-MAIL:_____

V

NAME:_____
ADDRESS: _____
_____
TEL:_____
E-MAIL:_____

NAME:_____
ADDRESS: _____
_____
TEL:_____
E-MAIL:_____

NAME:_____
ADDRESS: _____
_____
TEL:_____
E-MAIL:_____

NAME:_____
ADDRESS: _____
_____
TEL:_____
E-MAIL:_____

NAME:_____
ADDRESS: _____
_____
TEL:_____
E-MAIL:_____

V

NAME:_____
ADDRESS: _____
_____
TEL:_____
E-MAIL:_____

NAME:_____
ADDRESS: _____
_____
TEL:_____
E-MAIL:_____

NAME:_____
ADDRESS: _____
_____
TEL:_____
E-MAIL:_____

NAME:_____
ADDRESS: _____
_____
TEL:_____
E-MAIL:_____

NAME:_____
ADDRESS: _____
_____
TEL:_____
E-MAIL:_____

V

NAME:_____
ADDRESS: _____
_____
TEL:_____
E-MAIL:_____

NAME:_____
ADDRESS: _____
_____
TEL:_____
E-MAIL:_____

NAME:_____
ADDRESS: _____
_____
TEL:_____
E-MAIL:_____

NAME:_____
ADDRESS: _____
_____
TEL:_____
E-MAIL:_____

NAME:_____
ADDRESS: _____
_____
TEL:_____
E-MAIL:_____

V

NAME:_____
ADDRESS: _____
_____
TEL:_____
E-MAIL:_____

NAME:_____
ADDRESS: _____
_____
TEL:_____
E-MAIL:_____

NAME:_____
ADDRESS: _____
_____
TEL:_____
E-MAIL:_____

NAME:_____
ADDRESS: _____
_____
TEL:_____
E-MAIL:_____

NAME:_____
ADDRESS: _____
_____
TEL:_____
E-MAIL:_____

V

NAME:_____
ADDRESS: _____
_____
TEL:_____
E-MAIL:_____

NAME:_____
ADDRESS: _____
_____
TEL:_____
E-MAIL:_____

NAME:_____
ADDRESS: _____
_____
TEL:_____
E-MAIL:_____

NAME:_____
ADDRESS: _____
_____
TEL:_____
E-MAIL:_____

NAME:_____
ADDRESS: _____
_____
TEL:_____
E-MAIL:_____

W

NAME:_____
ADDRESS: _____
_____
TEL:_____
E-MAIL:_____

NAME:_____
ADDRESS: _____
_____
TEL:_____
E-MAIL:_____

NAME:_____
ADDRESS: _____
_____
TEL:_____
E-MAIL:_____

NAME:_____
ADDRESS: _____
_____
TEL:_____
E-MAIL:_____

NAME:_____
ADDRESS: _____
_____
TEL:_____
E-MAIL:_____

W

NAME:_____
ADDRESS: _____
_____
TEL:_____
E-MAIL:_____

NAME:_____
ADDRESS: _____
_____
TEL:_____
E-MAIL:_____

NAME:_____
ADDRESS: _____
_____
TEL:_____
E-MAIL:_____

NAME:_____
ADDRESS: _____
_____
TEL:_____
E-MAIL:_____

NAME:_____
ADDRESS: _____
_____
TEL:_____
E-MAIL:_____

W

NAME:_____
ADDRESS: _____
_____
TEL:_____
E-MAIL:_____

NAME:_____
ADDRESS: _____
_____
TEL:_____
E-MAIL:_____

NAME:_____
ADDRESS: _____
_____
TEL:_____
E-MAIL:_____

NAME:_____
ADDRESS: _____
_____
TEL:_____
E-MAIL:_____

NAME:_____
ADDRESS: _____
_____
TEL:_____
E-MAIL:_____

W

NAME:_____
ADDRESS: _____
_____
TEL:_____
E-MAIL:_____

NAME:_____
ADDRESS: _____
_____
TEL:_____
E-MAIL:_____

NAME:_____
ADDRESS: _____
_____
TEL:_____
E-MAIL:_____

NAME:_____
ADDRESS: _____
_____
TEL:_____
E-MAIL:_____

NAME:_____
ADDRESS: _____
_____
TEL:_____
E-MAIL:_____

W

NAME:_____
ADDRESS: _____
_____
TEL:_____
E-MAIL:_____

NAME:_____
ADDRESS: _____
_____
TEL:_____
E-MAIL:_____

NAME:_____
ADDRESS: _____
_____
TEL:_____
E-MAIL:_____

NAME:_____
ADDRESS: _____
_____
TEL:_____
E-MAIL:_____

NAME:_____
ADDRESS: _____
_____
TEL:_____
E-MAIL:_____

W

NAME:_____
ADDRESS: _____
_____
TEL:_____
E-MAIL:_____

NAME:_____
ADDRESS: _____
_____
TEL:_____
E-MAIL:_____

NAME:_____
ADDRESS: _____
_____
TEL:_____
E-MAIL:_____

NAME:_____
ADDRESS: _____
_____
TEL:_____
E-MAIL:_____

NAME:_____
ADDRESS: _____
_____
TEL:_____
E-MAIL:_____

W

NAME:_____
ADDRESS: _____
_____
TEL:_____
E-MAIL:_____

NAME:_____
ADDRESS: _____
_____
TEL:_____
E-MAIL:_____

NAME:_____
ADDRESS: _____
_____
TEL:_____
E-MAIL:_____

NAME:_____
ADDRESS: _____
_____
TEL:_____
E-MAIL:_____

NAME:_____
ADDRESS: _____
_____
TEL:_____
E-MAIL:_____

W

NAME:_____
ADDRESS: _____
_____
TEL:_____
E-MAIL:_____

NAME:_____
ADDRESS: _____
_____
TEL:_____
E-MAIL:_____

NAME:_____
ADDRESS: _____
_____
TEL:_____
E-MAIL:_____

NAME:_____
ADDRESS: _____
_____
TEL:_____
E-MAIL:_____

NAME:_____
ADDRESS: _____
_____
TEL:_____
E-MAIL:_____

W

NAME:_____
ADDRESS: _____
_____
TEL:_____
E-MAIL:_____

NAME:_____
ADDRESS: _____
_____
TEL:_____
E-MAIL:_____

NAME:_____
ADDRESS: _____
_____
TEL:_____
E-MAIL:_____

NAME:_____
ADDRESS: _____
_____
TEL:_____
E-MAIL:_____

NAME:_____
ADDRESS: _____
_____
TEL:_____
E-MAIL:_____

W

NAME:_____
ADDRESS: _____
_____
TEL:_____
E-MAIL:_____

NAME:_____
ADDRESS: _____
_____
TEL:_____
E-MAIL:_____

NAME:_____
ADDRESS: _____
_____
TEL:_____
E-MAIL:_____

NAME:_____
ADDRESS: _____
_____
TEL:_____
E-MAIL:_____

NAME:_____
ADDRESS: _____
_____
TEL:_____
E-MAIL:_____

W

NAME:_____
ADDRESS: _____
_____
TEL:_____
E-MAIL:_____

NAME:_____
ADDRESS: _____
_____
TEL:_____
E-MAIL:_____

NAME:_____
ADDRESS: _____
_____
TEL:_____
E-MAIL:_____

NAME:_____
ADDRESS: _____
_____
TEL:_____
E-MAIL:_____

NAME:_____
ADDRESS: _____
_____
TEL:_____
E-MAIL:_____

X

NAME:_____
ADDRESS: _____
_____
TEL:_____
E-MAIL:_____

NAME:_____
ADDRESS: _____
_____
TEL:_____
E-MAIL:_____

NAME:_____
ADDRESS: _____
_____
TEL:_____
E-MAIL:_____

NAME:_____
ADDRESS: _____
_____
TEL:_____
E-MAIL:_____

NAME:_____
ADDRESS: _____
_____
TEL:_____
E-MAIL:_____

X

NAME:_____
ADDRESS: _____
_____
TEL:_____
E-MAIL:_____

NAME:_____
ADDRESS: _____
_____
TEL:_____
E-MAIL:_____

NAME:_____
ADDRESS: _____
_____
TEL:_____
E-MAIL:_____

NAME:_____
ADDRESS: _____
_____
TEL:_____
E-MAIL:_____

NAME:_____
ADDRESS: _____
_____
TEL:_____
E-MAIL:_____

X

NAME:_____
ADDRESS: _____
_____
TEL:_____
E-MAIL:_____

NAME:_____
ADDRESS: _____
_____
TEL:_____
E-MAIL:_____

NAME:_____
ADDRESS: _____
_____
TEL:_____
E-MAIL:_____

NAME:_____
ADDRESS: _____
_____
TEL:_____
E-MAIL:_____

NAME:_____
ADDRESS: _____
_____
TEL:_____
E-MAIL:_____

X

NAME:_____
ADDRESS: _____
_____
TEL:_____
E-MAIL:_____

NAME:_____
ADDRESS: _____
_____
TEL:_____
E-MAIL:_____

NAME:_____
ADDRESS: _____
_____
TEL:_____
E-MAIL:_____

NAME:_____
ADDRESS: _____
_____
TEL:_____
E-MAIL:_____

NAME:_____
ADDRESS: _____
_____
TEL:_____
E-MAIL:_____

X

| NAME: |
| ADDRESS: |
| |
| TEL: |
| E-MAIL: |

| NAME: |
| ADDRESS: |
| |
| TEL: |
| E-MAIL: |

| NAME: |
| ADDRESS: |
| |
| TEL: |
| E-MAIL: |

| NAME: |
| ADDRESS: |
| |
| TEL: |
| E-MAIL: |

| NAME: |
| ADDRESS: |
| |
| TEL: |
| E-MAIL: |

X

NAME:_____
ADDRESS: _____
_____
TEL:_____
E-MAIL:_____

NAME:_____
ADDRESS: _____
_____
TEL:_____
E-MAIL:_____

NAME:_____
ADDRESS: _____
_____
TEL:_____
E-MAIL:_____

NAME:_____
ADDRESS: _____
_____
TEL:_____
E-MAIL:_____

NAME:_____
ADDRESS: _____
_____
TEL:_____
E-MAIL:_____

Y

NAME:_____
ADDRESS: _____
_____
TEL:_____
E-MAIL:_____

NAME:_____
ADDRESS: _____
_____
TEL:_____
E-MAIL:_____

NAME:_____
ADDRESS: _____
_____
TEL:_____
E-MAIL:_____

NAME:_____
ADDRESS: _____
_____
TEL:_____
E-MAIL:_____

NAME:_____
ADDRESS: _____
_____
TEL:_____
E-MAIL:_____

Y

NAME:_____
ADDRESS: _____
_____
TEL:_____
E-MAIL:_____

NAME:_____
ADDRESS: _____
_____
TEL:_____
E-MAIL:_____

NAME:_____
ADDRESS: _____
_____
TEL:_____
E-MAIL:_____

NAME:_____
ADDRESS: _____
_____
TEL:_____
E-MAIL:_____

NAME:_____
ADDRESS: _____
_____
TEL:_____
E-MAIL:_____

Y

NAME:_____
ADDRESS: _____
_____
TEL:_____
E-MAIL:_____

NAME:_____
ADDRESS: _____
_____
TEL:_____
E-MAIL:_____

NAME:_____
ADDRESS: _____
_____
TEL:_____
E-MAIL:_____

NAME:_____
ADDRESS: _____
_____
TEL:_____
E-MAIL:_____

NAME:_____
ADDRESS: _____
_____
TEL:_____
E-MAIL:_____

Y

NAME:_____
ADDRESS: _____
_____
TEL:_____
E-MAIL:_____

NAME:_____
ADDRESS: _____
_____
TEL:_____
E-MAIL:_____

NAME:_____
ADDRESS: _____
_____
TEL:_____
E-MAIL:_____

NAME:_____
ADDRESS: _____
_____
TEL:_____
E-MAIL:_____

NAME:_____
ADDRESS: _____
_____
TEL:_____
E-MAIL:_____

Y

NAME:_____
ADDRESS: _____
_____
TEL:_____
E-MAIL:_____

NAME:_____
ADDRESS: _____
_____
TEL:_____
E-MAIL:_____

NAME:_____
ADDRESS: _____
_____
TEL:_____
E-MAIL:_____

NAME:_____
ADDRESS: _____
_____
TEL:_____
E-MAIL:_____

NAME:_____
ADDRESS: _____
_____
TEL:_____
E-MAIL:_____

Y

NAME:_____
ADDRESS: _____
_____
TEL:_____
E-MAIL:_____

NAME:_____
ADDRESS: _____
_____
TEL:_____
E-MAIL:_____

NAME:_____
ADDRESS: _____
_____
TEL:_____
E-MAIL:_____

NAME:_____
ADDRESS: _____
_____
TEL:_____
E-MAIL:_____

NAME:_____
ADDRESS: _____
_____
TEL:_____
E-MAIL:_____

Z

NAME:_____
ADDRESS: _____
_____
TEL:_____
E-MAIL:_____

NAME:_____
ADDRESS: _____
_____
TEL:_____
E-MAIL:_____

NAME:_____
ADDRESS: _____
_____
TEL:_____
E-MAIL:_____

NAME:_____
ADDRESS: _____
_____
TEL:_____
E-MAIL:_____

NAME:_____
ADDRESS: _____
_____
TEL:_____
E-MAIL:_____

Z

NAME:_____
ADDRESS: _____
_____
TEL:_____
E-MAIL:_____

NAME:_____
ADDRESS: _____
_____
TEL:_____
E-MAIL:_____

NAME:_____
ADDRESS: _____
_____
TEL:_____
E-MAIL:_____

NAME:_____
ADDRESS: _____
_____
TEL:_____
E-MAIL:_____

NAME:_____
ADDRESS: _____
_____
TEL:_____
E-MAIL:_____

Z

NAME:_____
ADDRESS: _____
_____
TEL:_____
E-MAIL:_____

NAME:_____
ADDRESS: _____
_____
TEL:_____
E-MAIL:_____

NAME:_____
ADDRESS: _____
_____
TEL:_____
E-MAIL:_____

NAME:_____
ADDRESS: _____
_____
TEL:_____
E-MAIL:_____

NAME:_____
ADDRESS: _____
_____
TEL:_____
E-MAIL:_____

Z

NAME:_____
ADDRESS: _____
_____
TEL:_____
E-MAIL:_____

NAME:_____
ADDRESS: _____
_____
TEL:_____
E-MAIL:_____

NAME:_____
ADDRESS: _____
_____
TEL:_____
E-MAIL:_____

NAME:_____
ADDRESS: _____
_____
TEL:_____
E-MAIL:_____

NAME:_____
ADDRESS: _____
_____
TEL:_____
E-MAIL:_____

Z

NAME:_____
ADDRESS: _____
_____
TEL:_____
E-MAIL:_____

NAME:_____
ADDRESS: _____
_____
TEL:_____
E-MAIL:_____

NAME:_____
ADDRESS: _____
_____
TEL:_____
E-MAIL:_____

NAME:_____
ADDRESS: _____
_____
TEL:_____
E-MAIL:_____

NAME:_____
ADDRESS: _____
_____
TEL:_____
E-MAIL:_____

Z

NAME:_____
ADDRESS: _____
_____
TEL:_____
E-MAIL:_____

NAME:_____
ADDRESS: _____
_____
TEL:_____
E-MAIL:_____

NAME:_____
ADDRESS: _____
_____
TEL:_____
E-MAIL:_____

NAME:_____
ADDRESS: _____
_____
TEL:_____
E-MAIL:_____

NAME:_____
ADDRESS: _____
_____
TEL:_____
E-MAIL:_____